대한민국의 사명을 향하여

공 영 길 저

도서출판 조은

차 례

I. 대한민국 정부수립의 뒤안길 • 5

1. 해방의 기쁨과 흥분 • 7
2. 종북파에 의한 한국 근대사의 왜곡 • 11
3. 미국 국무성의 Alger Hiss 차관보는
   잘 알려진 공산주의자였다 • 15
4. 소련의 약탈군과 미국의 군정시대 및
   이승만 박사의 귀국 • 36
5. 이승만 박사의 김(일성)성주 소련군 정보
   대위 일당 및 소련 장성들로 구성된
   고문단과의 경쟁 • 47
6. 이승만 박사 1946년 12월 3일에 다시
   미국을 방문하다 • 65
7. 대한민국의 사명과 하나님의 훈육 • 77

8. 당신의 약속 말씀을 꼭 지키시는
   여호와 하나님 • 84
9. 마아샬 국무장관의 한국문제 U.N. 상정 • 88
10. 이승만 박사의 두 가지의 고민 • 91
11. 북한의 실력행사로서의 6.25 전쟁 준비 • 101
12. 6.25전쟁 • 107
13. 중공의 삼지창 정책(Three Prong Policy)과
    미국의 탈환작전(RollFback Policy) • 120
14. 동북아에서 공산당을 막아낸 영웅으로
    이대통령 1954년 방미와
    6.25전쟁 후, 대한민국의 재건을 위한
    미국의 경제원조에 얽힌 이야기• 125

II. 짧았던 제2공화국과 그의 임무 • 140
III. 제3공화국이 이룩한 한강의 기적 • 144
IV. 여섯 분의 5년제 대통령들 • 148
V. 앞으로 우리가 성취해야 할 일들 • 153

1. 유전무죄 무전유죄와 전관예우의 특권의식 • 153
2. 문학의 세계 지배론 • 155
3. 동북아에서의 '한류' • 159
4. 2012년 한국이 대통령 선거와 대통합의 정치 • 162
5. 한글 문화권 • 170

I
대한민국 정부수립의 뒤안길

시편 119편 105절에, **"당신의 말씀이 나의 발등을 비치는 빛이며, 나의 갈 길을 비치는 등불입니다"** 라고 말하고 있다. 이승만 대통령이 우리의 초대 대통령으로서 예언적 혜안을 가진 분이며, 그분도 그분이 가야 할 길에 비춰주시는 빛 외에는 걷지 않으려고 하셨다. 하나님께서 그에게 비춰주시는 등불은 대한민국의 독립과 이를 방해하는 공산주의자들을 분쇄하여 제거하는 일이었다.

제2공화국이 해야 할 일은 제3공화국이 실행에 옮길 첫 5개년 계획을 준비하는 것이었다. 짧고 아쉬웠지만 제2공화국의 임무는 그것 뿐이었다. 하나님께서는 당시에 한국이 가지고 있던 모든 인적, 물적 자원을 동원하여 대한민국을 건립하여 장차 이스라엘을 시기케 할 나라를 하루 속히 건설하여 이 땅에 하나님의 나라가 세워지기를 갈망하셨다.

다음에 지혜롭고 실천력이 있어 가난을 극복하고 장군이 된 박정희 대통령을 부르셨다. 하나님께서는 그로 하여금 보리고개를 넘어 '한강의 기적'을 이룩하도록 하셨다. 이스라엘을 시기케 할 나라의 필수 조건은 부자 나라가 되는 것이었기 때문이다. 이 세상에서의 부자는 일하기 위해서 절대적으로 필요한 요소이다.

그러나 우리나라가 이스라엘보다 더 잘 사는 나라가 되어야 하며 그것은 그리 어려운 일이 아니었으며, 다만 경제 체제를 순수한 자본주의 체제의 국가를 만들고 균형적인 부의 분배를 위해서는 성장률을 저하시키는 사회주의 체제, 이른바 진보 체제가 아니라 비영리 단체법을 선진국형으로 고치며 바꾸어 말하면 미국식으로 바꾸고, 한걸음 더 나아가서는 미국도 아직 못한 주식회사의 주주들의 상속세 등을 없애버림으로써 주주들을 바꿈으로써 드는 비용을 국가적으로 절감하는 것이다.

그 다음에 끝으로 남은 일은 대한민국이 이스라엘을 시기케 할 영광스러운 나라가 되는 일이다. 이 사명이야말로 진정 하나님께서 우리 발등과 우리가 가는 길에 비추어 주시는 그 등불을 성실하게 따라가야지만 성공할 수 있다. 이렇게 이스라엘을 시기케 하여 그들이 예수님께로 돌아오도록 하는 사명은 첫째 공산당을 극복하고, 둘째로는 부의 창출이며, 셋째로는 이를 성공으로 이끌기 위하여 하나님께서 우리 발에 비추어 주시는 등불과 길에 비추어 주시는 등불을 겸손하게 따라가는 것이다.

1

해방의 기쁨과 흥분

　대한민국은 제2차 세계대전이 끝난 1945년을 지나, 1948년 8월 15일에 가서야 어렵게 정부수립을 완수했다. 이렇게 독립이 늦어진 이유는 스탈린에 의한 방해 공작 때문이었다.

　제2차 세계 대전 종전 이후, 당시에 외국에서 활동하던 많은 애국선열들을 기다리며 희망에 부푼 한반도는 몹시 흥분해 있었다. 당시에 초등학교 6년생인 나도 덩달아 흥분했었다. 나는 소개를 핑개로 휴학 중이었으므로 매일 설날 같았다.

　미국의 최첨단 폭격기 B-29가 네 줄의 하얀 구름을 뿜으며 서울의 하늘을 나르고, 쵸코렛과 껌 등이 들은 커다란 비닐 봉다리를 떨구고 가곤 했다. 그런 비행기가 있는 지도 모르던 우리는 그런 것이 있다는 사실을 생전 처음으로 알게 되었고, 비닐 봉다리 안에 들어 있는 껌 등은 우리의 큰 관심사였다. 우리는 그런 이야기를 마치 무슨 비밀이라도 속삭이는 모양으로 서로 주고받았다. 어떤 이들은 이때 벌써 일본의 전

세가 기울어, 일본의 항복이 눈앞에 닥쳤다고 생각했으나, 대부분은 전쟁이 치열해졌다고만 생각했었다. 일본의 항복이란 꿈에도 생각지 못했으나, 드디어 왔다. 참 뉴스가 봉쇄된 서울에 사는 사람들은 정든 서울을 떠나 시골로 피난들 가노라 거리는 어수선 했다. 그러던 어느날 1945년 8월 15일, 일본 천황의 항복 의사가 라디오를 통해 흘러나왔다. 1945년 8월 6일에 일본 히로시마와 나가사끼에 원자탄이 투하된 이후의 일이다.

대부분의 한국인들은 해방의 기쁨을 만끽하며 서울의 거리를 누볐다. 당시의 한국은 일본으로부터 해방은 되었으나 대한민국의 건국은 좀체로 쉬운 일이 아니었다.

사실은 1943년에 Italia가 항복한 이후 열린 연합군의 수뇌들이 Cairo에 모여서 합의를 본 결정대로 정부 수립에 필요한 절차를 밟아서 독립정부를 수립하면 되는 것이었으나, 소련의 엉뚱한 방해 공작으로 지연되고 있었다. 사실은 한국의 독립은 먼저 1943년에 Italy의 항복으로 이집트의 수도 Cairo회담에서의 결정과 1945년 7월에 열린 Potzdam 회담에서의 확인으로 간단히 독립이 가능했으나, 스탈린의 불법적인 욕망 때문에 한반도의 독립은 음으로 양으로 가해온 스탈린의 방해로 늦어진 것이었다.

Cairo회담에서 결정된 것은 이렇게 간단했다. "It was agreed that Korea would be free; in due course Korea shall become free and independent."

이렇게 명백한 것을 소련은 비틀어 고쳐서 엉뚱한 모스코바 삼상회담의 결정과 같은 시의에도 맞지 않는 기이한 안을 만들어 내야 했다.

이 Cairo회담에서의 결정 중에서 'In due course'라는 표현이 대단히 중요하다. 그것은 'In due course of time'이 아니라 'In due course'이며, 이것은 어떤 여백시간을 말하는 것이 아니고, '필요한 절차를 밟아서'라는 표현일 뿐이다. 그것은 곧 어떤 시간이 경과한 후라는 말이 아니라, 한 국가의 정부 수립을 위한 제반 절차를 의미하는 것이다. 이의 해석은 미국의 마아샬 국무장관이 한국 문제 안건을 U.N.에 상정하면서 한 연설에서 비로소 올바로 해석을 했다.

우리 동포들은 마치 일본의 항복과 동시에 벌써 한국의 독립이 이루어진 듯이 기뻐하며, 자축하는 분위기에 접어들고 있었다.

나는 솔직히 무슨 영문인지 몰랐고, 그 동안 우리 민족이 일본의 압박 밑에서 신음하며 살아왔다는 사실도 모르고 있던 사실에 놀랐고, 또 우리 사회에 일본인이라는 이방인이 함께 살고 있었던 사실을 당연한 것으로 알고 있었고, 또 한편으로 나는 서울에 일본인이 살고 있는 것이 조금도 이상한 일이라 생각하지 않은 점에 대하여 어쩔 수 없는 부끄러움마저 느끼고 있었다. 우리는 아직 어렸기 때문에 실수할지도 몰라 어른들이 가르쳐 주지 않아서였다.

서울의 거리는 온통 태극기를 손에 쥔 인파로 채워져 있었고, 벌써 이승만 박사를 대통령으로 정하고, 부통령에는 김구 선생님을, 그리고 육군장관에는 김일성 장군을 정했는데, 이분은 원래 일본 육사를 졸업한 후, 정말로 항일전쟁을 벌인 전설적 인물이고, 해방 후 북한에 소련군 정보장교 대위로 침입한 김성주와는 다른 사람이다. 김성주! 그 자는 훌륭한 분의 이름까지 도용한 비겁한 자였다.

길거리에 조금만 빈 벽이 있으면 이런 전단지들이 나붙었다. 그러나 또 도처에서 일본인들과의 충돌이 있었다는 보도도 있었다. 여운영씨가 일어나 도처에 이른바 '정권 인수 준비 위원회'를 결성하고 있었다. 이분은 전략상 자신은 공산주의자가 아니고 중도파라고 가장했지만, 사실은 철저한 공산주의자였으며, 알고 보니 사내다운 면도 있던 애국자였다. 그는 적어도 딸을 김일성대학에서 수학하게 했었다. 오늘날의 종북 세력 같이 자녀들은 미국에 유학시키면서 종북을 주장하는 비겁한 사람은 아니었다. 종북을 하리만치 북한을 좋다고 한다면, 왜 그들은 북한에 가서 살지 않는지 모르겠다.

여운영과 같은 사람은 우리보다 나이가 많은 세대에 있었으므로 이들은 국가 건립에 직접 참가하였었다. 도처에서 한국의 독립을 현실화 하려는 세력들은 간간히 일본인들과의 충돌이 있었다는 보도가 있었다. 또 일본의 강권 통치와 한국민에 대한 억압통치를 비난하는 강연회 등이 여러 곳에서 열리며 흥분했던 기억이 생생하다. 아직 일본군의 무장해제는 이루어지지도 않았고 미군이 이 땅을 점령하지도 않았는데 한국인들은 그 해방의 기쁨을 만끽하며 흥분된 감정을 자제하지 못하고 마구 표출하고 있었다. 아직 일본의 통치력이 살아 있었고, 도처에서 한국인들은 그들과 충돌했다는 보도가 있었다.

종북파에 의한 한국 근대사의 왜곡

 나는 이제야 철이 들어, 어려서 듣던 Cairo회담, Yalta회담, Potzdam 회담 등의 용어를 상기하였으나 그 용어들의 뜻을 몰랐고, 또 내가 한참 젊어서 우리 대한민국이 분단되었으나 그 까닭을 몰라서 부끄럽게 생각되었다. 그래서 교보문고에서 한국근대사에 대한 책을 골랐으나 책을 고르기가 무척 어려웠다. 그 이유는 대부분의 책들이 심히 왜곡된 종북파들의 선전물이었고, 대한민국의 정사를 공정하게 기술한 책이 없었기 때문이었다.
 그런데 진열장 한 구석에 낯익은 이름이 보였는데, '천관우'라는 이름이었다. 그것은 그분의 "자료로 본 대한민국 건국사"라는 책에 적혀 있는 그의 이름이었다. '자료로 본'이라는 제목이 마음에 들었다. 자료를 왜곡하기는 더 어려울 것이라는 생각이 들어서 그 책을 사들고 집에 돌아왔다.
 집에 있는 책장을 살펴보니, 아들의 책 중에 "한국 현대사의 재조

명"이라는 한국전쟁학회 발간으로 되어 있는 책도 있었다. 그 책의 서문은 이렇게 시작하였다. 통상적으로 '국사' 하면 1945년 이전까지라고 생각하는 경향이 있다고 했다. 그 서문을 쓴 김계동 회장은 학생들의 시험 결과를 보면 1945년 이후의 역사에 대하여는 확실하게 모르고 있기 때문에 그분은 그렇게 생각한다는 말이다.

이 책의 서문 첫머리를 읽고야 비로소 내가 교보문고에서 한국현대사 책을 고르는 데 어려움이 있었던 이유를 확인할 수 있었다. 내 견해로는 한국의 현대사는 종북파들에 의해 심하게 왜곡되었기 때문이다. 바꾸어 말하면, 종북파에 의한 적반하장적 역사 왜곡 행위 때문이었다.

이 책은 무려 14명의 대학 교수들과 연구원들이 동원되어 집필된 책이었다. 아마도 회장님은 한국의 현대사를 가장 공정하게 적어보려고, 이렇게 많은 학자들을 동원하여 이 책을 편찬한 것으로 짐작되나, 우리 한국 사회는 일제의 핍박과 세계 제2차 대전으로 심히 고생한 궁핍한 사회를 지나왔기 때문에 대부분의 한국인은 심히 빈곤한 생활을 영위할 수밖에 없었다.

그러므로 회장님의 이런 선의의 시도는 자칫 공정하다기 보다 슬프게도 빈궁한 사람들의 왜곡된 사고를 반영하거나, 또는 그런 대중의 찬성을 받는 글을 쓰게 되기 쉬워서 오히려 공정하지 못한 저서가 될 우려도 있다고 생각했다. 역사란 어디까지나 '사실'을 근거로 하여 객관적으로 타당성이 있게 논해야 하는 학문이므로 이런 점이 염려스럽다.

본 저서의 첫 장은 이완범 연구원이 '한반도 분단의 성격'이라는 제목으로 시작했다. 그리고 그는 소련과 미국을 동맹국으로 여기며 서로 권력투쟁의 대상으로 잡고 있다. 이것은 엄청난 오해이다.

소련은 명목으로는 제2차 세계 대전의 동맹국이었지만, 사실 소련은 나치의 침공으로 망하게 되었다가 영국과 특히 미국의 원조로 구출된 피난민으로 보는 것이 현실적으로 더 정확하다. 그리고 소련은 북한에 주둔할 이유가 전혀 없는 나라였다. 소련은 세계 제2차 대전 때에 아시아에서는 전쟁을 한 일이 전혀 없었기 때문이다. 일찍이 러시아 제정이 일로전쟁에서 패하여 가라후도의 반을 일본에게 준 일이 있었는데, 제2차 세계 대전 이후에는 그 섬의 반을 되돌려 받는 것 외에는 일본의 영토인 북한에 주둔할 아무런 이유가 없었다.

소련은 아시아 전쟁에는 전혀 관여하지 않았기 때문이다. 가라우도섬의 반은 전후에 미국의 맥아더 장군을 통하여 돌려받으면 되는 것이지, 이것 때문에 일본의 영토인 북한을 점령할 이유가 전혀 없었다. 그러나 소련이 일본에 대하여 어설픈 선전포고를 하며 그들이 약탈군을 일본영토이던 한반도의 북쪽을 점령하게 된 계기가 되었다.

미국이 일본과의 전쟁에서 일본 서남쪽에 있는 여러 도서들 이오지마, 오끼나와 등 일본 남부에 널려 있는 섬에서의 전투를 토대로 일본군이 최후의 일인까지 싸우는 옥쇄전법을 사용하고 있었음으로 만일 일본의 관동군이 본토로 이동하여 미국의 본토 상륙 작전을 저지한다면, 약 일백 만명의 미군이 희생될 것을 예상할 수 있었다.

미국의 루즈벨트 대통령은 이런 희생을 줄이기 위해서 소련이 일본에 대하여 선전포고를 내려줄 것을 희망하여 소련과 의논 중에 있었다. 이를 위해 루즈벨트 대통령은 연합군 수뇌들의 회의 석상에서 공적으로 영국의 식민주의를 비난하는 등 스탈린이 좋아 할 발언을 많이 했다고 알려졌다. 이런 안을 낸 사람은 아마도 루즈벨트가 수뇌들의 회동 때마다 홀로 수행하던 공산주의자 Alger Hiss라는 국무성 차관보로 짐작된다. 그러나 루즈벨트 대통령은 이렇게 말을 시작했을 뿐, 그에 대한 공적인 약속을 하거나, 그에 대한 대가를 약속한 적은 없었다.

이와 같이, 소련은 미국의 덕으로 멸망을 면한 가난한 나라였으며, 그 군인들마저도 미국을 존경하고 있었지 감히 미국을 대결할 의사는 없었다. 그럼에도 이완범 연구원은 이에 대한 조그만치의 의심도 없이 소련을 미국과 세력다툼을 할 수 있는 나라로 간주하고 있었다.

제정 러시아와는 달리, 제2차 세계 대전에서는 나치 독일의 침공을 받은 Soviet Union은 미국의 구출을 받은 가난한 나라였음을 간과하고 있다. 이렇게 큰 오해에서 시작한 이 연구원이 올바른 분단의 이유를 알 수는 없었을 것이라는 생각이 든다.

그때 경성 제대의 수재들과 일본이나 미국이나 독일에 유학한 수재들이 모두 북한으로 가서 머리를 맞대고 대한민국과 싸웠으나, 대한민국에는 몇 명의 수재들이 이승만 박사를 도와서 이스라엘을 시기케 할 대한민국 건설에 이바지 하였다.

그중에 내무장관을 지낸 홍진기 내무장관과 천관우 동아일보의 주필이 있었다. 이들은 수재 중의 수재들이었다. 천재는 문자 그대로 하늘로부터 예수님의 증거, 곧 예언의 영의 도움을 받는 이들이기 때문에 공부를 잘 못하는 사람들도 많다.

3

미국 국무성의 Alger Hiss 차관보는
잘 알려진 공산주의자였다

  나라를 이끌 지도자를 요구하고 있는 한국 사회는 심히 불안했고, 또한 모든 국민이 해방된 조선의 초대 대통령이 될 이승만 박사의 귀국을 기다렸으나 그의 귀국도 순탄하지만은 않았다.

  이박사는 조국 독립의 꿈을 안고 기다리던 기간도 어느덧 약 40년이 다 되었고, 때가 이르러 망명 중에 있던 이박사는 미국 국무성을 찾아 한국으로의 여행 신청을 했으나 그 수속이 지연될 뿐이었다.

  그는 미국 국무성의 비협조로 결국은 맥아더 장군이 주선한 군용기로 San Francisco와 Honolulu를 경유하여 10월 14일에야 일본에 도착했다. 그리고 마침 맥아더 장군과 하지 중장과 아놀드 주한 국무장관이 함께 동경에 와있어, 이박사는 한국에 오기 전에 맥아더 장군과 하지 중장과 또 한국 주둔군의 아놀드 국무장관을 만나면서 사흘을 이들과 함께 지내다가 귀국하였다. 하지 장군은 먼저 한국으로 가면서 잘 쉬고 오라고 했다고 한다.

이때 맥아더 장군은 이박사에게 '모르면 물어가면서 하면 되니 걱정하지 말라'고 귀띔을 해주었다. 그리고 '중요한 것은 한국인들이 무엇을 원하는지를 분명하게 말할 수 있는 것이 중요하다'는 것이었다. 이를테면, 한국인에게 너희 나라를 어떻게 해주면 좋겠느냐고 물었을 때 지금 당장에 정부수립을 하여 독립을 해야겠다는 답이 나온다면, 미국은 그렇게 해 줄 용의가 있다는 격려의 말이었다. 그렇지 않아도 망명 시절에 신탁통치 안이 한간에 돌았을 때, 이박사는 그것을 반대하는 것보다 침묵을 지켰었다. 왜냐하면, 속히 독립하는 것이 중요하기 때문에 그때 신탁통치 여부를 논할 때가 아니라고 생각했기 때문이었다. 그런데 맥아더 장군은 소련의 한국 신탁통치 제의 가능성에 대하여 이미 어디서인가 모종의 정보를 들은 것 같은 분위기를 풍겼다.

Korea라고 해도 별로 아는 사람이 없던 그 때에 누가 그렇게 친절하게 Korea의 신탁통치 문제까지 챙겨 주다니 하고 이상하다는 생각도 들었다. 모스코바 삼상회담은 1945년 12월 27일에 미·소·영의 외상들이 합의로 이루어진 것이기 때문에 1945년 10월 15일 경, 곧 이승만 박사가 일본에 유하면서 맥아더 장군을 만날 때에는 아무도 알 수 없을 터인데 맥아더 장군의 귀띔은 이박사로 하여금 그가 최근 어디서 그런 정보를 들은 것 같은 분위기를 풍겼다. 그렇지 않아도 이런 소문의 근원을 확실하지 않지만 한국을 잘 모르는 지식인들 가운데는 한국은 일본의 통치를 약 40년이나 받아서 자치 능력이 없을 것이라는 가상에서 피상적인 판단을 한 것이겠지만, 맥아더 장군의 말은 그것이 현실적으로 다시 부각한 것 같이 생각되었고, 그런 말이 새삼 새롭게 있는 것 같이 이박사는 들었다. 그러나 최근에 특히 12월에나 열릴 모스코바 삼상회의를 약 4개월이나 앞서서 그런 소문이 돌아다닐 리가 없다고 생각했다. 그리고, 이박사는 일본이 1894년 이후에 취득한 영토에 대하여 임의로 처리할 수 있는 권한을 가지고 있는 연합군 총사령관인 맥아더 장군으로부터 이런 귀띔을 듣고, 매우 격려되고 고무되어 있었다. 그래서 아마도 이박사는 미 국무성에서 자기의 귀국행을 방해했을지도 모른다는 생각도 했고, 또 아마도 Alger Hiss라는 고참 차관보가 그랬는지 모르겠다는 생각도 했으나, 그때는 한국의 독립에 대하여 전심으로 마음을 쏟고 있었으므로 그런 사소한 일은 기억하지 않으려고 했다.

사실은 미국 국무성에서 실력자는 장관이나 차관들보다도 고참 차관보들이었다. 장관이나 차관들은 자주 바뀜으로 임시직이나 마찬가지였기 때문에 차관보가 특히 고참 차관보가 가장 힘 있는 국무성의 실력자들이었다. 그래서 국무성은 차관보들이 국무성의 모든 국장들을 장악하고 있는 형의 체제를 갖고 있다고 볼 수도 있다.

특히, Alger Hiss는 1936년부터 1946년까지 국무성에서 일하는 동안 막강한 실력자로 성장하였을 것이다. 그는 특히 당시에 미국의 명문 대학인 The Johns Hopkins대학에서 학부를 마치고 Harvard법과대학에서 수학한 수재로 D. Roosevelt 대통령의 전적인 신임을 받고 있었기 때문이다. Roosevelt대통령은 당시 연합국의 수뇌들이 모이는 Cairo회담이나, Yalta회담 등에 갈 때는 언제나 Alger Hiss 한 사람만을 대동하여 가곤하였다고 한다. 그 이유는 아마도 그가 공산주의자였으므로 스탈린의 마음을 잘 읽을 줄 알았기 때문이었을 것이라는 생각이 드나 Roosevelt에게는 또 다른 의도가 있었다.

Roosevelt 대통령은 미군이 오끼나와나 이오지마 등에서 일본군과 전투한 경험을 토대로 생각할 때 규슈 근방으로 일본 본토를 상륙하려면, 만주에 주둔하고 있던 일본의 관동군이 본토로 이동하여 미국의 본토 상륙작전을 저지한다면 약 일백만 명의 미군의 희생이 발생할 전망이었다. 그러므로 Roosevelt 대통령은 소련이 일본에 대하여 선전포고를 하여 만주에 있던 관동군이 일본 본토로 이동하는 것을 막아주기를 바랐다. 소련이 대소 선전포고를 하면 관동군이 본토로 이동하지 못하고 만주에 머물러 있을 수밖에 없다는 계산이었다. 이런 미소 간의 이해관계로 인하여, 미국 대통령은 친소 정책을 쓰고 있었으며 그는 공식 석상에서도 친소 발언을 많이 한 대통령으로 알려졌다. 이런 소련에 의한 대일 선전포고의 명안도 어쩌면 Alger Hiss가 그의 대통령에게 제공한 안이었던 것인지도 모른다.

　생각해 보면, Alger Hiss는 당시 Roosevelt 대통령에게 매우 필요한 인물이었고, 또 그와 같은 인물은 쉽게 구할 수 있는 것도 아니었다. 또 미 국무성의 고참 차관보라는 자리는 아무나 할 수 있는 자리가 아님을 아는 필자는 그가 신념의 공산주의자로서 세상을 공산화하는 꿈을 가지고 있었다면, 그 자리가 바로 그의 인생의 목표를 달성할 수 있는 자리였을 것이라는 생각도 해보았다. 그래서 그는 애써 이런 자리를 구하였는지도 모른다. 만일에 그렇다면, 그는 소련의 스탈린을 택하여 그를 돕는 길이 그의 세계공산화의 꿈을 실현할 수 있는 지름길이라고 생각했을 것이다. 그러니까 스탈린의 절제 없는 동구라파에 대한 야망도 Alger Hiss와의 합작품이었을 것이라는 생각이 든다. 또 한국의 신탁통치라는 엉뚱한 생각도, 그리고 1943년에 있던 Cairo회담, 곧 한국과 이스라엘의 독립 문제가 토의되는 회담에 스탈린이 불참할 때부터 Alger Hiss의 세계 공산화라는 꿈이 스탈린의 세계 정복의 꿈과 융합되기 시작했다고 필자는 추정해 보았다. Alger HIss는 Harvard법과대학을 나온 수재로서 더욱이 막강한 D. Roosevelt 대통령의 신임을 한 몸에 지닌 공산주의를 신봉하는 차관보였다. 1918년의 볼쉐비키 혁명이 성공한 이후부터 미국 사회에서는 공산주의가 많은 지식인들 가운데 유행하였으며 공산주의 사상을 갖는 것 자체는 불법이 아니었다.

아마도, 공산주의는 1918년에 처음으로 그 실체를 러시아에서 들어냈으나 1950년을 시작으로 트루만 대통령에 의한 이른바 미국의 대소 봉쇄정책(Containment Policy)으로 인하여 1992까지도 시종 가난에 시달리다가 결국 붕괴되고 말았다. 중공도 경제적으로 윤택하지 못하여 계속 가난에 시달리고 있었으며, 그들은 억압된 자유로 지금까지도 신음하고 있다. 북한도 1945년 이래, 약 60여년이 넘는 세월을 경제적인 부, 곧 그들이 목표로 삼는 기와집에서 이밥과 불고기를 약속하고 노력하였으나, 지금에 와서도 일 년에 한 두 사람이 아니라 수 백 만에 달하는 인민이 굶어 죽고 있다. 그들은 이런 비참 속에서 살고 있으면서도 봉기할 수도 없을 정도로 자유가 억압을 당하고 있다.

공산주의자들은 인류 역사상 한 번도 경제적인 부와 자유를 누리는 사회를 이룬 적이 없다. 부요하고 자유로운 사회를 표방하던 공산주의 사회가 어쩌다 가난과 인권유린의 상징이 되어버린 것인지는 참으로 이해할 수 없다. 그러나 그것이 사실이며 역사적인 사실로 증명되었다.

실제로는 신념의 공산주의자가 첩자보다 더 두려운 이적행위를 저지를 수 있다는 사실을 많은 사람들이 간과하고 있다. 첩자들은 그들의 주요 목적이 돈이기 때문에 대체로 돈에 많이 좌우되나, 신념의 공산주의자는 돈이 아니라 그의 신념의 달성이므로, 그것을 위해 그는 무엇이든지 전부 희생할 수도 있기 때문이다.

그러나 또 이박사는 맥아더 장군의 도움을 받아 귀국하게 된 사실을 생각하며 일찍이 자신이 쓴 일본의 제2차 세계 대전 도발 6개월 전에 예언한 책인 'Japan Insight', 또 그 책을 통한 맥아더 장군과의 교분이 시작된 사실도 기억하고 있었다. 그리고 그는 또 프린스톤의 기숙사에 있을 때에 한일 합방이 이루어졌고, 그때에 그는 상심하여 사흘을 굶으면서 기도했을 때에 받은 이사야 41:10~12의 말씀, **"두려워 말라! 내가 너와 함께 하리라. 내가 네 하나님이 됨이라. 내가 너를 굳세게 하리라. 참으로 너를 도와주리라. 참으로 나의 의로운 오른손으로 너를 붙들리라. 보라, 네게 노하던 자들이 수치와 욕을 당할 것이요, 너와 다투는 아무것도 아닌 것 같이 될 것이요, 멸망할 것이라"** 라는 말씀을 기억하면서 '전화위복'의 하나님을 한없이 찬양하고 있었다.

이박사는 맥아더 장군으로부터 받은 귀띔을 귀중히 여겨서, 10월 16일 한국에 도착하는 날로 대국민 담화를 방송으로 하면서 인사말을 간단히 마친 후, 서둘러 한국의 독립할 절호의 기회가 왔으니, 우리는 대동단결하여 모두 한국의 즉각적인 독립을 요구한다는 한국인의 소망을 연합군 측에 알려야 한다고 주장했다. 우리는 한데 뭉쳐서 하나가 되자고 하였다. 이박사는 그의 대국민 인사는 간단하게 마치고, 맥아더 장군의 귀띔을 서둘러 국민에게 알리는 것이었다. 그는 전 생애를 통하여 대한민국의 독립을 위해 투쟁한 분이므로 독립의 가능성의 기쁜 소식을 국민에게 먼저 알리려는 심정이었다.

정말로 대한민국이 이스라엘을 시기케 하여 예수님을 영접하도록 하는 사명을 맡은 나라이고, 그 전에 이스라엘이 거쳐 간 당시의 최강국들 바벨론, 메대바사, 로마, 희랍계 시리아의 Selucus왕조, 희랍계 이집트의 Ptolemy왕조, 영국, 미국에 이어서 대한민국이 그들을 예수님께로 인도할 나라라면, 이상에 말한 부질없이 뵈는 상상이 사실일 수도 있다. 더욱이 일반적으로 공산주의자들은 자신들의 소망에 매우 적극적이고 열정적이기 때문이다.

사실, 공산주의자들이 그들의 목적을 향한 열정은 거의 종교적이다. 그래서 어떤 이는 공산주의는 사상이 아니라 그들의 종교라고까지 말한다. 보기에 따라서 공산주의는 하나님의 존재를 부인하는 극단적인 기독교의 이단으로 볼 수도 있다. 이것을 하나님의 반대측에서 보면, 그들이 여호와 하나님과 대결하여 이 지구를 빼앗기느냐, 아니면, 그가 이미 빼앗은 권리를 그대로 유지하느냐의 중대사이다. 누구나 가장 중요한 것을 보호하기 위해 가장 큰 희생을 아끼지 않는다. 다음은 회개하여 예수님께로 돌아오려고 하지 않는 이스라엘을 향하여 마태복음 23:39에 기록되어 있는 말씀이다.

"예루살렘아! 예루살렘아! 너희는 예언자들을 죽이고 너희에게 보낸 이들을 돌로 치는구나. 암탉이 병아리를 날개 아래 모으듯이, 내가 몇 번이나 너희를 모으려 하였더냐? 그러나 너는 응하지 않았도다. 너희 성전은 하나님의 버림을 받아 황폐하리라. 너희가 너희 입으로 나를 찬양하여 구하기까지 나를 보지 못하리라!"

또, 호세아 5:15에 "내가(그리스도) 내 곳(하늘)으로 돌아가서 저희(이스라엘)가 그 죄(그리스도를 배척한 죄)를 뉘우치고 내 얼굴을 구하기까지 기다리리라" 하고 말씀하셨다.

이스라엘이 회개하여 예수님을 찾으면, 예수님은 재림하시어 악마로부터 이 땅을 빼앗고 그 위에 하나님의 나라를 세우실 것이기 때문이다. 악마 측에서는 이런 일이 일어나지 않도록 막아야 한다. 이를 위해 가장 좋은 방법이 있다면, 그것은 할 수만 있다면 이스라엘인들을 다 죽여 없애버리는 것이다. 그러면 이스라엘 나라를 세울 유대인이 없겠으며, 유대인들은 국가적으로 회개하여 하나님께로 돌아올 수가 없기 때문이다. 이스라엘이 메시아를 배척한 죄는 개인적인 죄가 아니라 국가적으로 저지른 죄이기 때문에 국가적인 회개를 요하는 것이다. 이런 이유 때문에 악마는 역사를 통하여 힛트러와 같은 독재자로 하여금 유대인들을 학살하게 하였다.

이런 이유 때문에 아랍국들은 1948년의 이스라엘이 독립하였을 때도 그 독립을 인정하지 않았으며, 지금도 아랍국들은 이스라엘을 둘러싸고 이스라엘을 지상에서 제거해 버리려고 안간힘을 다 쓰고 있다. 이런 사실들은 단순한 우리의 추측이 아니다.

이러한 악마의 계획이 사실임은 '팔레스틴 국가 협약에 (Palestinian National Covenant)'에 분명하게 기록되어 있는 사실이다. 그들의 헌장 제15조에 PLO는 '팔레스타인 안에 있는 시온주의자의 제거 (elimnation of Zionists in Plalestine)를 목표로 한다고 명시되어 있다. 이 대목을 아랍어로 보면 'liquidation of Zionist Presence'라고 되어 있어, 그들은 사실 Palestine안의 이스라엘인인 시온주의자의 와해를 목표로 하고 있다. 이것은 곧 이스라엘 국가의 와해를 말한다. 이런 사실은 또 시편 83편에 다음과 같이 예언되어 있다.

"하나님이시여, 침묵치 마소서! 하나님이시여, 잠잠치 마시고 고요치 마소서! 대저 주의 원수가 훤화하며, 주를 한하는 자가 머리를 들었나이다. 저들이 주의 백성을 치려고 저들이 간계를 꾀하며 주의 숨긴 자를 치려고 서로 의논하여 말하기를 '저희를 끊어 다시는 나라가 되지 못하게 하자!' 하나이다.

저희가 일심으로 의논하고 주를 대적하여 서로 의논하여 주를 대적하여 서로 언약을 맺으니 곧 에돔의 장막과 이스마엘인과 모압과 하갈인이며 암몬과 아말렉이며 불레셋과 두로 거민이며 앗수르도 저들과 연합하여 롯 자손의 도움이 되었나이다. (셀라)

주는 미디안인에게 행하신 것같이 기손 시내에서 시스라와 야빈에게 행하신 것같이 저희에게도 행하소서! 그들은 엔돌에서 패망하여 땅의 거름이 되었나이다. 저희 귀인으로 오렙과 스엡 같게 하시며 저희 모든 방백으로 세바의 살문나 같게 하소서! 하나님이시여, 저희로 굴러가는 검불 같게 하시며 바람에 날리는 초개같게 하소서! 산림을 사르는 불과 산에 붙는 불과 같이 광풍으로 저희를 쫓으시며 폭풍으로 저희를 두렵게 하소서! 여호와여, 수치로 저희 얼굴을 가득케 하사, 저희로 주의 이름을 찾게 하소서. 저희로 수치를 당하여 영원히 놀라며 낭패의 멸망을 당하게 하사, 여호와라 이름하신 주만을 온 세계의 지존자로 알게 하소서."

악마는 영적 존재이다. 하나님도 영이시므로 인간이 하나님께로부터 온전히 태어나서 온전하게 되거나 구원되기까지는 인간보다 악마가 하나님의 뜻을 더 잘 안다고 말할 수 있다. 욥기에 보면, 악마가 부자이고

의로운 욥을 공격하기 전에 그의 잘못을 하나님께 고발하며 하나님의 허락을 받는다. 악마는 영리하여 자신의 우방을 잘 알아보고 그를 정확하게 돕는다. 그는 자신 편에 선 사람들을 돕는다. 이점에 대하여 그들은 착오가 없다. 그래서 악마가 지배하는 나라 사람들, 곧 육적인 사람들은 공산국가를 돕는다. 그리고 영적인 기독교인들이나 정신적인 가르침을 가지고 있는 불교나 유교인들은 이스라엘을 돕는다.

불교나 유교도 기독인들과 같이 「부모를 공경하라, 간음하지 마라, 살인하지 마라, 거짓 증언을 하지 마라, 우애와 형제애를 돈독히 하라」는 정신적인 가르침에 있어서는 대한민국의 삼대종교가 다 같다. 우리는 정신적인 문화가 같기 때문에 서로 협조를 한다.

한국에 불교와 유교로 먼저 다져졌으므로 우리나라가 기독교를 받아들이는데 수월했다는 사실은 잘 알려진 사실이다. 나는 성경공부하려고 히브리어를 공부하기 위해 1997년에 이스라엘에서 잘 알려진 히브루 학원인 Ulpan Achiva에 가서 공부할 때, PLO의 경찰서장과 여러 명의 그의 부하들도 거기에 와서 히브리어를 공부하고 있었다. 그 경찰서장은 나에게 사적으로 북한에 가서 훈련을 받은 적이 있다고 말해주었다.

악마는 자신의 우방을 구별할 줄 안다. 북한은 Syria에 핵공장을 세우려다 이스라엘 공군의 폭격을 받은 적도 있다. 이라크의 핵시설도 이스라엘에 의해 폭격되었고, 북한은 또 Iran을 돕고, Iran은 Israel의 적인 헤스볼라를 지원한다. 이와 같이 나라들은 서로 끼리끼리 돕는다.

영적으로도 악마의 세력에 속한 나라와 여호와 하나님께 속한 나라가 갈라져 있다. 소련, 중공, 북한, 이란, 시리아, 불란서(반/반=기독교적인 사람/인본주의적인 사람) 등은 반이스라엘이며 미, 영, 대한민국, 일본(친미), 싱가포올, 오스트레일리아, 뉴질랜드, 필리핀 등은 이스라엘 편에 속한 나라들이다.

  공산당은 육적일 수밖에 없다. 어리석게도 손으로 만질 수 있는 것 외에는 인정하지 않는 철학을 가지고 살기 때문이다. 악마는 이 점에 대하여 착오를 범하지 않는다. 그렇게 본다면, 공산주의 국가는 반이스라엘 적일 수밖에 없으며, 따라서 악마편에 서 있는 것으로 보아야 한다.

  한국은 신탁통치가 필요하다는 말은 미국의 고위직에 있는 사람들 중에도 동의하는 사람들이 있었다고 한다. 그러나 그것은 한국을 잘 모르는 사람들이 하는 극히 피상적인 판단에서 나온 의견에 지나지 않았다. 그리고 그런 소문의 출처도 역시 처음부터 Alger Hiss였는지도 모른다. 그는 공산주의자이기 때문에 적극적으로 소련을 도울 수밖에 없었고, 그는 그리스도인들을 미워할 수밖에 없었다. 그는 또 그가 신념의 공산주의자라면 스탈린이 세계정복을 위하여 한반도에 소련의 위성국을 세우려는 것을 그의 힘이 자라는 데까지 도왔을 것이다.

  그러나 그런 말이 정부 차원에서 전후에 제일 먼저 나온 것은 미국 국무성의 극동담당국장 빈센트씨가 미국의 외교 클럽에서의 연설에서 시작되었다. Alger Hiss는 아마도 그해 12월 27일에 있을 모스코바 삼상회의를 겨냥하여, 그런 말이 일본의 항복한 날자보다 한참 뒤늦게 나온 부적절함은 소련에서 시작된 것이 아니라, 오히려 미국에서 시작되었다고 위장하기 위해 국무성 극동국장으로 하여금 그런 안을 사계에 띄우도록 공작했다는 생각도 든다. 또 모스코바 삼상회의도 Alger Hiss의 머리에서 나온 것일 수 있다.

이 시점에서 우리의 애국지사인 이승만 박사는 이런 경우에 미국에 전적으로 의지하기 보다, 먼저 임영신 여사와 임병직 옹을 U.N.본부로 파견하여 한국에 통일 정부를 수립하기 위한 문제를 U.N.에 안건으로 상정하도록 독립적인 조치를 취하고 있었다. 물론, 한국문제 처리에 전권을 갖고 있는 미국의 협조를 위해, 이박사가 하는 일에 대한 상세한 내용을 이미 일본의 맥아더 사령부와 미국 국무성의 극동국장 빈센트 씨와 백악관에 한국에서 전송으로 이미 알리고 있었을 것으로 추정된다. 미국의 Roosevelt 대통령의 서거 후에 외교적으로 과도기에 처해 있는 여러 외교문제를 위해 J. F. Dulles는 사실상 트루만 대통령의 대소련 외교 문제 고문의 역할을 담당하여, 미국의 행정부는 사실 양당공조를 하고 있었다.

이박사는 제1차 미소 공동 위원회에서도 소련식 민주주의와 미국식 민주주의의 개념의 차이 때문에 합의에 도달하지 못했음에도, 그런 이유로 합의에 도달할 수 없음을 선언하여 제2차 위원회의 검토를 거부하지 못하고, 하지 중장이 소련에 끌려 다니고 있기 때문에, 이박사는 미소 공동 위원회 반탁파 대표직을 사임하고 이 문제를 U.N.에 호소하여 통일 정부를 세울 방안을 구상하고 있었다. 그는 이에 대한 남한의 민심을 살펴보려고 서울 이남의 도시들을 방문하며 설명하고 전북 정읍에 이르러 그는 이른바 '정읍발언'을 발표하게 되었다.

그는 그동안의 남한 동포들의 U.N.안에 대한 반응을 물론 미국에도 전달했다. 어쩌면 미국에서 남한인들의 의견을 요구했는지도 모른다. 그중에 이박사의 통일 정부를 위한 U.N.상정안이 당연히 김성수씨의 대찬성을 얻은 것은 이박사의 여행 중에 얻은 큰 개가가 아닐 수 없었다. 이러한 이박사의 정읍발언은 미국에서도 환영한 것으로 짐작된다.

이런 시점에서 이승만 박사는 1946년 12월 초에 미국을 방문하여 조선의 독립은 Cairo회담에서 정해진 대로 선거 등의 필요한 절차를 밟아서 독립해야 된다는 합의를 실천하도록 미국의 여론을 환기시키는 것을 목적으로 그는 미국을 방문하여 하지 중장의 조선 독립안에 대한 소극적인 태도의 부당성을 신랄하게 비난하였다. 그리고 그는 귀국길에 중국의 상해를 들려 장개석 총통을 만나고 한국으로 돌아왔다. 아마도 그는 중국의 사태를 주시하고 있었던 것 같다. 그래서 Alger Hiss의 활동은 오히려 미국의 대소 봉쇄정책을 선포하게 되는 구실을 제공한 결과가 되고 말았다.

그러나 이박사는 가난과 파멸 속에서도 연합군으로 싸워서 많은 인명의 희생을 본 소련에 대한 영국과 미국 등의 전우애로 인하여 대한민국의 독립이 지연되고 있음을 미국에게 명확히 알렸다. 곧 한국의 독립에는 큰 장애가 되는 것이라고 주장하였다. 트루만 대통령은 후에 소련의 사주로 북한이 남침한 사실과 희랍 공산세력의 만행을 규탄하면서 소련에 대한 봉쇄정책을 공식적으로 선포하지 않을 수 없게 되었다. 이것으로 전후 미국은 소련을 더 이상 전우로 대하지 않고 미국에 도전하는 자로 간주할 수밖에 없게 되었다. 이때부터 이른바 동서분쟁 시대가 열린 것이었다.

아치슨 장관으로부터 북한이 남침한 사실을 트루만 대통령에게 보고를 듣고 그는 즉석에서 반격을 명령하였다고 한다. 그때 그는 "그 SOB(개색기)! 이번에 우리가 해치워야 해!" 하고 말했다는 것이다.

트루만 대통령이 스탈린에 대하여 이와 같이 나쁜 인성을 갖게 된 것은 지난 Poszdam회담 때에 그의 Poland를 비롯한 동구권 국가들에 대하여 임의로 불법적인 행동을 했기 때문이다. 아치슨 장관은 태평양 방어선을 정하면서 한국을 제외한 장관이지만, 사실, 아치슨 국무장관 시절에 미국은 중국을 장개석 총통이 차지할 것을 굳게 믿고, 미국이 그렇게 예측하고 있던 것이 사실이었다. 그래서 미국은 일본의 유구 열도와 중국의 산동성을 있는 방어선을 그어 발표하였고, 한반도는 미국의 방어선 상에서 제외되었었다. 그러나 중국내의 전세는 1949년에 급변하여 장개석은 쫓겨나서 대만으로 피해가야 했다.

미국은 이런 사실을 예측하지 못하였기 때문에 그런 태평양 방어선을 그려 놓았었다고 한다. 이것은 아치슨 장관의 잘못만은 아니었다. 그리고 6.25전쟁의 미국 유인설을 이런 중국의 오판 때문에 거짓 선전을 꾀하는 북한에 의하여 조작된 것이었다.

이와 다르게 생각하여 근심한 분은 아마도 우리의 독립투사인 이승만 박사와 미국의 트루만 대통령뿐이었던 것 같다. 이승만 박사는 소련이 한반도를 소련의 위성국으로 만들려는 야심을 꿰뚫어보고 있었고, 'Yalta 비밀 약정'과 모스코바 삼상회담의 결정은 폐기되어야 한다고 주장하고 있었다. 그리고 트루만 대통령은 Roosevelt 대통령이 1945년 4월에 서거하자 트루만 대통령은 그해 7월에 열릴 Potzdam 회담에 참석하여 스탈린의 폴란드 등, 동구라파 나라들의 문제를 다루면서 스탈린의 불법적인 성품과 강도의 심뽀를 엿보았다.

미국의 Roosevelt 대통령은 소련이 일본에 대하여 선전포고를 해줄 것을 원한 것은 소련은 제2차 세계 대전 당시에 다 망한 나라를 영국과, 특히 미국의 막대한 도움으로 구출되었으므로 미국은 소련에 대하여 그런 도움을 청할 수 있는 입장이었다. 그래서 스탈린은 그의 청을 거절할 수가 없어서 독일과의 전쟁이 끝나고 삼개월 이내로 일본에 대하여 선전 포고를 하여 일본의 관동군을 거기에 머물러 있게 하겠다는 약속을 스탈린은 루즈벨트 대통령에게 했었다. 그럴 경우에 일본의 만주 주둔군인 관동군은 본토를 상륙하는 미군을 제지하기 위해 본토로 옮길 수 없을 것이라는 계산이었다.

그러나 Roosevelt 대통령이 1945년 4월에 서거한 후에, 부통령이던 트루만 대통령이 Potzdam회담에서 스탈린을 만났는데. 그때가 이미 독일과의 전쟁이 끝난 지도 삼개월이 다 지나가고 있는데도 스탈린은 미국을 도울 의사가 전혀 없는 것을 확인하고, 이 문제를 당시에 유럽군 총사령관으로 있던 아이젠 하워 장군과 의논하여 원자탄을 조기에 사용하여 소련이 아시아에 주둔하지 못하도록 할 결심을 했다.

그래서 트루만 대통령은 1945년 8월 6일에 일본의 히로시마와 나가사끼에 원자탄을 투하하고 8월 15일에 일본의 항복을 받아냈다.

불의에 미국 원자탄 사용을 보고 누구보다도 당황한 사람은 아마도 스탈린이었던 것 같다. 그들은 미국으로부터 아무런 약속도 없이 허둥지둥 8월 8일에 일본에 대하여 어설픈 선전포고를 하고 만주를 거쳐 북한으로 침입했다. 그들은 시베리아 벌판에서 동물과도 같이 야생하던 미개인들이었다. 그들은 전승국 군대가 아니라 시베리아 벌판의 미개인들에게 군복을 입히고 빵 한 개씩을 나누어주어 내려 보낸 약탈군이었다. 그들은 그 빵을 벼개로 삼아 베고 잠을 자기도 하고, 가랑이에 끼고 자기도 했다고 한다.

그러나 Roosevelt 대통령은 소련이 일본에 대하여 선전포고를 하겠다는 약속을 지키는 것을 보지 못하고 서거했고, 다음 회담은 Potzdam 에서 열렸는데 대통령직을 이어받은 Truman 대통령이 참석했다. 그때는 미국의 원자탄이 실전에 사용할 수 있도록 완성되었기 때문에 Roosevelt 대통령이 그때까지도 소련에게 일본에 대한 선전포고의 권유를 견지했을런지의 여부는 확실치 않다. 그런 말은 건내놓았으나 양국 간에 어떤 구체적인 약속은 없었던 것으로 안다.

필자가 굳이 여기에서 Alger Hiss의 얘기를 하는 것은 Roosevelt 대통령의 서거 후에도 Alger Hiss가 1946년 말까지 국무성에 있었기 때문에, 그는 계속하여 소련의 모스코바 삼상회담 결정을 도왔을 것이라고 생각한다. 아니면, 모스코바 삼상회담 자체가 너그럽고 순진한 미국인의 성품을 잘 아는 Alger Hiss의 안이었다고 생각한다. Alger Hiss가 소련에게 그런 요구를 하도록 사주한 것 같다.

Cairo회담은 Italia가 1943년에 항복하였기 때문에 열린 회담이었다. 그때 결정한 내용은 이렇게 명백하고 간단하다. **"It was agreed that Korea would be free; in due course Korea shall become free and independent"** 이렇게 명백한 내용을 그렇게 비틀어 고쳐서 엉뚱한 모스코바 삼상회담의 결정과 같은 것을 만들어 내려면, 고도의 지능과 국무성 안에서의 고위직이 필요하였을 것인데 Alger Hiss는 이 두 가지를 다 겸비하고 있었다. Roosevelt 대통령의 신임마저 얻고 있었기 때문에, 그의 서거 전까지는 대단한 실력자였을 것이다. 그러니 그가 극동국장 빈센트에게 지시하였을 가능성이 크다.

필자는 스탈린이 Cairo회담에는 참석하지 않은 이유에 대해서도 의심을 갖고 있다. 아마도 당시에 연합군 수뇌들의 회담을 주로 미국이 주도했을 것이므로 미국이 토의 의제들을 준비하는 역할을 Alger Hiss가 담당하고 있었을 것이다. 그렇다면 1943년 Cariro회담의 안건들을 Stalin은 Alger Hiss를 통하여 이미 알고 있었을 것이다. 그런데 Stalin은 한반도에 대한 야심에 찬 다른 복안이 나름대로 있었으므로, 그것을 그때부터 노출시켜서 이견을 가진 사람들과 싸울 필요가 없다고 생각하여 Cairo회담에 불참한 것으로 본다.

아마도 스탈린의 계획은 한국서 부동항을 구하던 구 러시아와는 달리 다음과 같은 것이었던 것 같다. 한반도에서도 구라파에서와도 같이 불법적으로라도 소련의 위성국을 만들어, 세계 정복의 기초를 구축하려는 심산을 하고 있던 것 같다. 그래서 이를 위해 미국이 일본 본토에 상륙할 때 반드시 소련이 일본에 대한 선전포고를 요구할 것으로 알고, 소련은 그런 시점에서 돈 많은 미국과 흥정하여 충분한 대가를 요구할 수 있도록 소련의 정규군을 준비하고 기다리고 있다가, 그 요구에 응분의 대가의 약속을 받고 선전포고를 할 자세로 있었던 것 같다.

그런데 그후에 마아샬 국무장관은 직접 한국 문제를 U.N.에 상정할 때, 마아샬 장관은 'Cairo회담에서 결정하고, Postdam회담에서 확인된 대로'라고만 말했는데도 미국의 한국문제 U.N.상정을 반대하던 소련과 그 편을 드는 나라들도 'Yalta 비밀 협정'이라는 말은 벙긋도 하지 않은 것으로 보아, 이박사의 주장이 옳았다고 생각한다. 그렇다면, 미국 국무성의 막강한 실력자인 공산주의자 Alger Hiss를 스탈린은 상상도 못하던 준비된 원자탄을 트루만 대통령이 8월 6일에 일본 나가사끼와 시모노세끼에 투하하고 말았기 때문에, 미국에 통보도 하지 못한 채, 그리고 미국의 아무런 약속도 없이 스탈린은 허겁지겁 시베리아의 미개인들에게 군복을 입혀서 북한을 향해 돌진하여, 스탈린은 루즈벨트 대통령과의 약속을 수행한 것 같은 모습만을 보이노라 애썼다. 이것을 안 미국무성에서는 이미 북한에 침입하여 남하하고 있던 소련군은 38선에서 머물라고 미국 국무성이 지령을 하달했다.

이렇듯 소련은 미국의 요청을 확인하지도 않고 당황하여 임의로 북한에 침입한 결과가 그렇게도 대한민국을 괴롭히는 38선이 되어버린 것이었다. 그러나 소련은 당시에 미국의 전우였기 때문에 이런 무례함을 용납 받고 당년 9월 2일에 거행한 일본 항복식에 참여시킴으로써 미국과 영국은 소련에 대하여 전우로서의 충분한 대우를 해주었다. 그러나 그 항복식에서 명백해진 것은 1894년 이후에 일본이 점유한 일본의 영토에 대한 점유 및 처리 권한이 전적으로 연합군 총사령관인 맥아더 장군에게 위임되었음이 명백해졌다. 이 결정은 아마도 소련을 견제하기 위한 트루만의 의지가 반영된 것으로 보인다. 이런 것이 1943년에 열린 Cairo회담의 결정이었다.

이런 결정을 아마도 Alger Hiss를 통하여 안 스탈린은 나름대로의 야심을 품고 아예 Cairo회담에 참석을 하지 않기로 했을 것이다. 이런 결정은 소련이 북한에 더 머물러 있을 명분이 없어지게 하는 것이었으나 소련은 철군하지 않고, 아시아에 더 눌러 있을 구실을 찾기 위하여 꾸며낸 것이 1945년 12월 27일에 결정된 이른바 모스코바 삼상회담의 합의였다. 그것은 일본이 항복한 지도 약 4개월이나 늦게 창안해낸 것이었다.

소련의 입장을 바꾸어 말하면, 아시아에 대하여 아무런 권한도 없으며 일로전쟁에 패하여 빼앗겼던 가라후도 반쪽을 돌려받는 정도였으며, 일본의 항복과 더불어 아시아에서는 물러가야 할 처지였다. 그러나 그런 사실을 정확히 역설한 책을 한국의 서점에서 찾기는 어렵다. 그 이유는 한국 종북파들의 시기심에서 비롯된 왜곡된 편견 때문이다. 물론, 또 그들의 왕성한 억지, 적반하장적인 선전술 때문이기도 했다. 그들은 그 사실을 오히려 미소의 세력 다툼으로 간주하도록 역사를 왜곡하였다.

미국의 공산주의자 교수인 B. Cummings에 의하여 더욱 왜곡되어, 한국전은 오히려 전부터 있던 내전의 연장으로 위장했다. 공산주의를 철저하게 이적행위로 다스리던 일본의 통치하에서 그런 내전은 절대로 불가능했는데도 그때 고려대학에 모여 있던 강만길, 김낙중 등의 종북파로 소문난 자들이 부루스 커밍스에게 힘을 싫어주었다는 소문이다. 커밍스는 6.25동란을 이미 시작된 내전의 연장이었다는 적반하장의 거짓말로 호도하였다는 소련의 김성주 대위가 우리의 김일성 장군의 위대한 이름을 도용한 사실에 이어서 또 한 번의 적반하장적 거짓말인 내전설로 역사를 왜곡시켰다. 그 후의 김성주의 북한 통치는 바로 이런 적반하장적 거짓의 연속으로 이어졌다.

당시 소련은 미국과 세력다툼을 할 상대가 못 되었음은 누구나 다 아는 억지였다. 그것을 미소 간의 세력 다툼으로 보는 견해는 천만부당하다. 그것은 상식적으로도 모두 불가능한 일이었다.

이렇게 Alger Hiss가 미 국무성 차관보로서 한국 문제에 관하여 온갖 엉뚱한 거짓말을 하고 있을 때에, 이승만 박사는 1946년 12월 3일에 서울을 떠나, 미국을 방문해야 했던 것은 한국의 독립은 1943년 Cairo 회담에서 결정된 대로 독립을 시행하는 것 뿐, 그 밖의 '미소 밀약설'이니 뭐니 하는 것은 모두 허구라는 사실을 미국인들에게 알려서 미국 내를 여론화하기 위한 것이었다.

이때 이승만 박사가 미국 국무성에서 일어나고 있던 공산주의자의 공작으로 의심할 수 있는 사건을 직접적으로 다루지 않고, 미국내의 여론을 통하여 우회적으로 해결하고자 한 것은 범인의 상상을 초월한 지혜가 아닐 수 없다. 이런 일은 그가 국제 정세도 잘 알 뿐 아니라 미국인들도 깊이 알아야 할 수 있기 때문이다. 나는 가끔 그런 지혜와 유연성이 어디에서 나온 것인지를 몰라서, 지금도 그런 지혜에 접하기 위해 가끔 묵상을 한다. 그런 체험은 누구나 자신이 하고 싶을 때에 하는 것이 아닌 것 같다. 마치 너희가 법정에 끌려가서 무슨 말을 할까 하고 미리 생각하지 않아도 성령께서 미리 준비하셨다가 필요할 때에 주신다고 한 말씀처럼 필요한 그때에 성령께서 대신 말해주시겠다고 하신 것 같이, 필요할 때에 하나님께서 정하신 시간에 임의로 행하시는 것이지, 우리 마음대로 행할 수 있는 것이 아닌 것으로 생각된다.

미국의 전우애도 좋지만, 그리고 미국이 의도적인 것은 아니었지만 이런 상황에서 이박사는 미국의 여론을 이용하여 그들의 소련을 돕는 공산주의자들을 다루는 지혜를 가졌었다. 이 때문에 필자는 이박사가 아니었다면 한국의 독립이 가능했을까 하는 의구심마저 갖고, 이승만 박사야말로 하나님께서 대한민국의 건국의 대통령으로 정하셨다는 생각이 들어 이승만 박사를 존경하게 되었으며, 그리스도인이 된 오늘날에는 하나님의 섭리에 새삼 감사를 드리게 되었다. 역사를 잘 이해하지 못하는 자들이 무모한 반미를 하곤 하며, 이승만 박사를 독재자로 몰아세운다.

그러나 Alger Hiss는 소련의 첩자로 의심을 받아 국회의 청문회에 참석하여 국회의원들의 질의에 응해야 했다. 또 그는 그때 이미 국무성 비밀문서의 사본을 집에 감추어 둔 일도 있고, 또 그 문서들을 소련에 보낸 일도 있었으나, 미국의 증거주의 법체제의 기준인 'the evidence beyond the reasonable doubt'라는 증거가 없어서, 그는 용케 자신을 방어하여 첩자 혐의를 피했으나, 그의 답변 중에 위증이 있었기 때문에, 이런 사건들은 참으로 하늘이 대한민국의 독립을 도운 것이 아닐 수 없다.

Alger Hiss가 소련의 첩자였는지 아닌 지는 아직도 미국 사회의 큰 의문으로 남아 있다. 하지만, 미국 서점에는 '어째서 Alger Hiss는 배역을 하게 되었나?'라는 제목의 책 등이 출판되는 것을 보면, 미국인들은 대체로 그를 첩자로 인정하는 것 같다. 그 책에는 그의 Harvard 법대 동창들과, Pennsylvania주에 있는 여자 명문대학 중의 하나인 Brynmore대학 출신의 여자 친구가 공산주의자였는데, 그들의 영향을 받아서 Alger Hiss도 공산주의자가 되었다고 한다.

4

소련의 약탈군과 미국의 군정시대 및 이승만 박사의 귀국

　드디어 하지 중장을 사령관으로 하는 미국의 한국 주둔군이 입성하여 일본군의 무장을 해제하였고, 남한에서는 미군에 의한 군정이 시작되었다. 우리는 미군정이 당연한 것으로 받아들였고, 군정은 실제로 해방 이후 한국의 정부가 아직 수립되기 이전부터 인도적인 경제원조를 해주고 있었다. 남한에 미군정을 세운 것은 새 한국정부가 수립될 때까지, 곧 Cairo회담에서 결의한 대로 새 정부가 수립될 때까지 조선의 민생, 치안 등을 돌봐주는 역할을 하는 것이 목적이었고, 또 미군은 남한에서 그 역할을 충실히 해냈다. 미군의 남한 점령은 북한을 점령하여 약탈한 소련군과는 그 역할이 판이하게 달랐다.

　Columbia대학의 한국계 미국인 교수인 Charles Armstrong은 그의 저서인 '북조선의 탄생'에 북한에는 소련군의 군정이 없었고, 김성주라는 소련군 정보 장교와 함께 소련군은 북한에 침입하여 처음부터 동유럽에서 소련의 위성국들을 만들던 모양대로 각처에 인민 위원회들을 결성하기 시작하여 벌써 북한 단독정부를 세울 준비를 하고 있었다고 한다. 소련군은 당당한 전승국으로서의 체면도 북한 사람들 앞에서 지키지를 못했다. 그들은 군인들이라기 보다는 노략질이나 하는 약탈자로 북한 사람들의 눈에 비추어지고 있었다.

그들은 그나마 한반도의 공업지대인 북한의 공장들을 찾아가서 쓸만한 기계들은 모두 뜯어서 소련으로 보냈으며, 심지어 압록강에 설치되어 있던 거대한 발전기들도 북한용으로 한 대만을 남겨두고 모두 뜯어서 소련으로 보냈다. Armstrong 교수는 그의 책에 소련이 당시에 일본에 대하여 선전포고를 할만한 능력이 없었다고 했다.

만일에 그들이 일본에 대하여 선전포고를 안 했더라면 체면이라도 유지했을 터인데 어째서 일본군에 대하여 선전포고를 했을까? 하는 질문을 던진다. 그것은 당시의 소련군이 극도로 약화되어 있으면서도 스탈린의 세계 정복의 허황된 야욕을 부리고 있었던 것으로 생각해야 한다. 소련은 당시에 전승국들의 일원이었지만, 사실은 나치 독일의 공격을 받아서 스스로 도움을 받아야 하는 처지였다. 그래서 실제로 미국의 도움으로 그 고난에서 겨우 구출된 가련한 피난민들이었다. 그러면서도 세계를 정복하여 유토피아를 실현해 보겠다는 망상과 광기에 차 있던 자들이었다. 이것은 지금 생각하면 선행을 가장하여 악마가 준 망상이었다.

당시에 김성주(일성) 소련군 정보 대위는 박헌영과 한반도를 놓고 경쟁을 하고 있었고, 또 한국인들에게 강도의 마음을 심어 준 홍명희라는 자도 있었다. 스탈린의 생각에는 당신의 상황은 물론이고, 함께 한번 일해 볼 만한 도둑의 마음을 가진 사람들도 잘 모여 있다고 생각했다.

욕심으로 가득 찬 스탈린에게는 체면 차리는 일, 혹은 국가들이 조약을 지키는 일 같은 것은 허례라고 생각하는 공산주의자였다. 그는 욕심으로 가득차서, 마치 동물과도 같이 마구 덤벼들었다. 그는 그 욕심에 사로잡혀 그야말로 제 정신이 아니었다. 그들은 마치 성경 말씀대로 욕심이 잉태하여 사망에 이르려는 자와도 같았다.

김성주 대위는 심지어 북한용으로 남겨 둔 한 대의 압록강의 발전기가 모자라니까 남한에 대한 송전을 끊음으로써 동족인 남한을 적대시하기 시작했다. 이런 북한의 야만적 행동에 대하여 남한의 점령군 사령관인 하지 중장은 미국으로부터 발전선박을 급하게 지원받아 곤경에 처한 한국을 도왔다. 다음에 그는 ECA라는 미국 원조 기관을 통해서 한국의 전력문제 해결을 위해 기술자들을 파견하도록 주선하기도 했다.

북한으로의 소련군 침입은 오히려 일제 때에 있었던 일본인들의 착취보다도 더 잔혹한 곤경을 북한인들에게 안겨주었다. 그것은 그야말로 야만적인 프로레타리아에 의한 무책임하고 전근대적인 적국 약탈행위였다. 조선은 소련군의 적이 아니고 오히려 일본인이 소련군의 적인데도 소련의 시베리아 미개인들은 그것을 구별하지 않고 조선인들도 함께 적으로 대했다. 조선인들은 억울함을 당하면서도 호소하거나 위로 받을 곳을 찾지 못하여, 약소민족의 비애를 슬퍼할 뿐이었다. 조선인이라는 김성주(일성)도 그 약탈자의 일원이었으니 말이다. 북한은 일본보다 더욱 악랄한 착취자를 만났지만 도움을 청할 곳조차 없었다. 이들은 억울함을 무릅쓰고 더 큰 곤경 속으로 빠져들며 살 수밖에 없었다.

Armstrong 교수의 책에 따르면, 그들은 또 남의 땅을 몰수하여 무상으로 나누어주는 것으로 환심을 사려고 했으나 가난한 소작인 중에도 이에 반항하는 이들이 있었다고 하니, 이것은 참으로 놀라운 일이 아닐 수 없다. 이들은 미약했지만 그 곤경 가운데서도 남아있던 귀중한 인간 양심의 표본이었다. 그들은 그 지주와도 정이 들어 있었을 것이다. 또 그들은 죽어도 도둑놈으로부터 도둑질한 물건을 받는 것을 수치로 생각했다. 그들은 아무런 정당한 이유 없이 남의 땅을 몰수하여, 바꾸어 말하면 강도질을 하여 무상으로 나누어 줄 권리가 없다고 보는 견해이다. 이러한 약자들의 인간 본성에서 작용하는 양심을 볼 때 우리의 마음은 희망에 설레인다.

이것은 참으로 존경스럽고 위대한 인간의 아름다운 본성에서 비롯된 것이건만, 홍명희는 그때 그들을 통해서도 인간적 양심의 본능을 깨닫지 못했다. 불행히도 그는 그들을 오히려 반동으로 취급하였을 것이다.

가련한 홍명희여! 너는 어쩌다 그리 되었나? 너는 재주도 남달랐는데, 악한 자에게 속아서 그리도 엄청난 잘못을 저질렀구나! 어찌하여 너는 무죄한 자를 반동으로 몰아 단죄하였는고, 그 벌을 어찌 받을려고 그랬는고? 너는 집도 부유했다는데… 너는 아들 대접을 못 받고 자랐느냐? 어찌 심뽀가 그리도 삐뚤어졌는고 참으로 안 되었구나! 너에게 하늘의 벌이 있으니 회개하라, 회개하면, 그리고 이미 늦지 않았다면 사랑이신 주님께서 너를 용서하시리라.

홍명희야말로 '사필귀정(事必歸正)'의 원리를 모르는 자였다. '사필귀정'이란 만사가 올바른 데로 돌아온다는 말이다. 올바른 '정'은 곧 우주 만물을 창조하신 하나님께서 정하신 올바름이다. 우주만물을 만드신 분은 곧 여호와 하나님이시다. 홍명희는 우주만물을 창조하신 여호와 하나님을 대항하여 싸운 미련한 자였다. 이유가 있었겠지만 어리석은 자여! 최후의 심판을 받기 이전에 회개하라. 하나님은 자비하시어 네가 이제라도 회개하면 용서하실 수 있다. 네가 지금은 음침한 골자기 스올에 갇혀 있어도, 최후의 심판은 아직 일천년이나 멀리 남아 있단다. 이미 늦지 않았다면, 회개하여 용서를 받아라. 한간에서는 '임꺽정'을 '의적'이라 부르기도 한다. '적'은 도둑놈이라는 '적'자이다. 그 앞에 '의'자를 붙인다고 의롭게 되는 것이냐? 아니다. 남의 것을 도둑질 하는 자는 언제나 도둑놈이다. 세상에는 자고로 '사필귀정'이라는 말이 있다. 그들이 '의적'이라고 믿고 좋아 한 것이 어제 같은 데 그들은 지금 굶어죽고 있다. 이것이 '사필귀정'의 '정'이다.

이것이 불자들이 말하는 업보라는 것이다. 하나님께서는 좋은 분이기 때문에 좋은 것만을, 곧 올바른 '정'만을 만드셨지 악한 '부정'은 만들지 않으셨다. 그러면 '부정'은 어데서 나왔는고? 무신론자들이 좋으신 하나님이 만드신 '정'을 부인함으로써 '부정한 것'이 생겨났다. 그래서 무신론적 유물론은 하나님을 대적하는 악마가 만들었다. '부정'은 하나님께서 만드시지 않았고 다만 하나님께서 만드신 '정'을 거부한 결과일 뿐이다. 그래서 이렇게 '정'을 부정하는 집단을 놓고 영국의 Churchil 수상은 일찍이 그들이 사는 곳을 악마의 세상이라는 뜻으로 '철의 장막'이라는 은유법으로 비유하였다. 그리고 미국의 레이건 대통령은 그보다 더 직접적인 표현, '그 악마의 제국(The Evil Empire)'이라는 말로 특별히 지적하여 사용했다. 그후 '그 악마의 제국'은 붕괴일로를 걷기 시작하였다.

이유가 있었겠지만 어리석은 자여! 회개하라! 용서를 빌라!!

중국은 많은 오랑캐의 침공을 받아서 잡종이 되었지만, 그리고 그들은 야만적이고 섬짓한 자들이지만, 그들의 방대한 자연적인 통계 문화를 가지고 있다. 바로 '사필귀정'이라는 말이 중국의 방대한 자연적인 통계문화의 산물이다. 또한, '정류격서'라는 말도 있다. 이것은 측은하게 생각하는 정이 흐르면, 곧 사랑의 정이 흐르면, 좋은 일이 백방에서 격발한다는 뜻이다. 이것 역시 중국의 방대한 자연적인 통계문화에서 나온 말이다. 이런 말을 지어낸 사람들에게 복이 있으리라.

소련은 아시아의 동북쪽에서 세계 정복을 위한 기지를 만들어 보려는 생각에 가득 차 있었다. 평양에는 지금도 스탈린가라는 길이 있다. 미조리함에서는 소련의 북한 점유권이 사실상 거부되었으나, 비겁한 스탈린은 영국과 미국의 전우애에 매달려 뒤늦게 결정된 모스코바 삼상회담의 결정으로 떼를 썼다.

2011년 9월에, Oxford대학의 박사학위 논문을 쓰는 과정에서 중국의 군사비밀을 노출시켰다는 죄목으로 13년을 복역하다가 11년 만에 감형되어 그 논문을 책으로 출판하려고 Oxford로 돌아가던 길에서 중앙일보의 기자와 회견한 치우(한국말로는 '서') 박사의 말에 의하면 중국은 한국전에 개입하려고 약 3개월 전부터 준비를 하고 있었으며, 30만 명의 군인들을 만주에 집결시켰다는 것이다. 그들은 30만의 병력으로 한반도를 점령할 수 있다고 생각했다는 것이다.

그후인 1953년에 스탈린은 사망하였고, 1992년에 Soviet Union은 74년만에 붕괴되고 멸망의 길을 걷기 시작하였다.

북한은 해방된 지도 벌써 68여 성상이 흘렀는데도 조금도 경제발전을 이룩하지 못하고, 굶어죽는 사람이 속출하는 비참한 사회로 전락하고 말았다. 한국에 대한 5년간의 신탁 통치 안을 강요하던 소련도 자국의 일도 추스르지 못하여 어려운 실정에 있으면서도, 그들이 도둑의 심뽀로 북한을 약탈하는 데는 능했다. 소련은 가난한 나라였기 때문에 한반도에 도움을 주기는 커녕 일본과는 비교조차 할 수 없을 정도의 야만적인 착취를 자행했다. 그리고 그들은 악을 기뻐하는 자들이었다.

그러나 하나님께서는 스탈린의 야욕을 용납하지 않으시고 공산주의를 치기 시작하셨다. 그후 스탈린은 1953년에 사망하였고, Soviet Union을 1992년에 붕괴되고 말았다. 조선은 Cairo회담의 결정으로 선거 등의 독립을 위한 적절한 절차를 거쳐 해방 후에 독립국가로 독립시키기로 되어 있었으나, 소련의 엉뚱한 '밀약설'과 삼상회담의 결정 등을 들고 나와 소련이 방해하였으므로 대한민국의 독립이 1945년이 아니고 늦어져서 1948년 8월 15일에야 이루어졌다.

소련은 갑작스러운 나치 독일의 침공을 받아서 붕괴 직전에 있었으나, 결사적으로 저항하여 싸운 혈맹이니만치 영·미는 그들의 제안을 의리상 받아 준 것으로 보인다. 그러나 이것이 얼마나 약소국인 대한민국에 피해를 입힌 사실인지를 미국은 이박사가 1946년 겨울 12월 3일에 도미하여, 하지 중장이 조선이 독립을 위해 얼마나 소극적 태도를 보였는지를 항의할 때까지는 깨닫지 못하고 있었다. 미국은 마아샬 프랜과 같은 다른 나라를 돕는 계획 등을 실시하는 나라였으므로, 소련의 신탁통치 제안이 한국을 돕는 일이라면 그 안을 한번 검토해보자는 복안이었던 것 같다. 그런 맥락에서 만들어 낸 것이 1945년 12월 27일 모스코바에서 결정한 이른바 모스코바 삼상회담의 결정이었다. 일본이 항복한 지도 이미 약 4개월이나 지난 후에 결정한 것이다. 당시의 소련의 입장을 보면, 그의 제안을 선의로만 해석하기는 어려웠다. 미국과 같이 전승국으로서 어려운 나라를 돕기를 원하는 스탈린이 아니었다. 이에 대하여 잘 아는 분은 미국의 Truman 대통령이었다. 그리고 물론 이승만 박사도 그의 도둑의 심뽀를 잘 알고 있었다. 이런 모스코바 삼상회의의 안도 미국인들의 심리를 잘 안는 Alger Hiss로부터 나온 것 같다.

때마침 9월 20일에 미국 국무성 극동국장인 빈센트씨가 미국외교 클럽에서 한국에서 신탁통치를 시작할 개연성이 있다는 말을 하여 한반도에서 반탁운동이 비등하기 시작하였다.

이승만 박사는 맥아더 장군으로부터 받은 귀띔으로 격려되어 10월 16일에 귀국해서는 다음날부터 각 정당들과 만나면서 우리 민족의 통일된 의견을 연합국에 보내려고 의견 일치에 힘을 쓴 결과 10월 23일에 조선호텔에서 각 정당 대표들이 다시 모여서 조선독립 촉성 중앙위원회를 결성하여 그 회장으로 추대되었고, 11월 2일에 독촉중협은 서둘러 한국은 즉각적인 독립과 38선을 철폐하고 신탁통치 반대 등을 골자로 하는 결의안을 만장일치로 채택하여 연합국, 특히 미소 양국에 보내기로 했다. 이 결의안은 해방이후 처음으로 좌우가 동의한 결의안이었다. 그런데 다음날인 3일에 공산 남노당의 박헌영이 아마도 소련 고문들로부터 자문을 받아 이의를 제기하여 그의 약속에 반역을 했다. 공산당의 이의 제기는 첫째로 조선 인민의 적개심을 미소 연합군에게 돌려 배타주의로 흐르고 있다는 것이었다. 이것은 박헌영이와 같이 똑똑한 사람이 할 수 없는 생트집이었다. 한국인들은 소련군의 만행까지도 직접 당하지 않았으므로 일체 반감을 들어내지 않고 우리의 희생 없이 해방의 날이 왔다고 기뻐하고 있는 실정이었다. 아마도 소련의 고문관들이 북한에서 저지른 만행에 대하여 자격지심이 생겨서 한 말이었던 것 같다. 또 모든 정당들이 모인 자리에서는 말도 못하던 자가 비겁하게 따로 와서 반역을 한 것이었다. 아마도 '배타적인 적개심을 연합군에 돌려서'라고 한 배타적인 결정이라는 것은 미국이 아니라 소련군의 노략질에 대한 북한의 배타적인 감정을 의식하여 소련이 자책을 느껴서 한 말 같다.

둘째로는 이승만 박사와 공산당 사이에는 그 정치 노선에 큰 차이가 있으며 친일파를 척결하는 통일 정부를 원한다는 말을 그는 새삼 끄집어냈다. 그런 것들은 통일 정부를 먼저 세운 후에 논의하자고 한 것인데 그들은 새삼 그런 것들에 트집을 잡기 시작하였다. 그래서 독촉중협은 그 결의안의 글자 몇 자를 수정한 뒤에 예정대로 그 결의안을 11월 4일에 발송했다. 이와 같이 공산당들은 언제나 반대를 위한 반대를 하며 통일 정부를 세우려는 우리 동포의 마음을 방해했다. 공산당들도 우리와 같은 민족인데 우리의 독립 노선에 반대하는 이유는 그들이 이미 저질러 놓은 불법 행위들을, 이를테면 정판사 위조지폐 사건 등을 묵인하도록 주장하는 것이었는지도 모른다. 만일에 일본 경찰 출신들을 그대로 놔두면 공산당의 상습적인 불법행위로 인하여 당 자체가 불법화될 위험이 있어서 반대했는지도 모른다.

미국 국무성의 극동국장인 빈센트가 미 외교 클럽에서 먼저 10월 20일에 한국의 신탁통치 안을 띠웠을 때에 마치 약속이라도 한 모양으로 남북 동포가 일제히 궐기하여 반대를 외쳤다. 그런데 웬일인지 북한 동포들은 조금 지나서 찬탁으로 변심하는 것이었다. 필자는 헷갈렸다. 그들에게는 자존심과 양심도 없는 것일까? 그러나 그들은 변심한 것이 아니라 소련의 위성국을 세우려는 자들에 의해 변화를 강요당한 것이었다.

　공산주의자가 되려면 모름지기 임꺽정을 의로운 자로 인정하고, 적반하장적 거짓말을 의로 여길 수 있는 담력이 있어야 한다. 또 대한민국이 아니라 소련을 조국이라고 부를 수 있는 사이비 진보성이 있어야 한다. 이런 세 가지를 마땅한 것으로 여기지 못하면, 소련의 위성국가를 세울 엄두도 내지 못한다. 만일에 미국이 신탁통치 안에 반대하면, 북한은 소련 일국의 신탁 통치를 5년간 받은 후에 Soviet Union에 영입되기를 원한다고 박헌영은 어떤 미국 기자에게 말함으로써 스탈린에게 아첨을 했다.

　스탈린은 이런 아첨군들과 매국노들에 의해 둘러쌓여 있었다. 김성주 대위와 홍명희는 그런 류의 사람들이었다. 그래서 이승만 박사는 다 같이 잘 살자는 것은 좋지만 소련을 조국으로 여기는 자들과는 협력하는 것이 불가능하다고 간파하고 있었다.

　우리나라에 공산주의가 신속히 보급된 것은 당시에 북한에 있던 홍명희가 쓴 '임꺽정'이라는 소설 때문이었다. '임꺽정'을 우리는 '의적'이라고도 부른다. 소설에나 나오는 얼굴에 철판을 깐 도둑이 아니라, 한국인들은 때로는 그를 영웅시 한다. 사실 임꺽정은 '사필귀정'이 되지 않는 도둑의 얘기이다. '임꺽정'의 행실은 사필귀정이라는 말과는 전혀 부합이 안 된다. 사실 임꺽정은 도둑인데, 그를 홍명희는 영웅시 했다. 임꺽정은 도둑이기 때문에 '사필귀정'에서는 항상 도둑놈이어서 사필귀정이라는 말에는 좀체로 맞지 않는다.

　남한에서 미군정의 발족은 이런 소군의 북한에 대한 약탈행위와는 대조적으로, 남한에는 미군정이 설정되어 한국민을 성심껏 도왔다. 이것은 남한에서는 일본의 착취를 제거하고, 사회질서 유지, 행정적 안정, 경제 활동의 안정과 온갖 문화적 유산을 유지 보존하는 등의 활동을 계속할 수 있는 환경을 조성하는 과정이었으며, 이남에 있는 남한에게 도움을 주려는 미군의 합리적인 정책에 의해 많은 도움을 받았다. 그러나 하지 중장의 공산당에 대한 소극적인 태도로 인하여 독립은 많이 지연되었고, 여러 가지의 장애를 겪은 것은 사실이었다.

5

이승만 박사의
김(일성)성주 소련군 정보 대위 일당 및
소련 장성들로 구성된 고문단과의 경쟁

1945년 8월 15일 이후에도, 한반도를 탐내는 세력은 많았다. 한반도는 일찍이 부동항을 탐냈던 러시아 제정과 아시아 대륙을 넘보던 일본, 그리고 전통적으로 조선이 섬기던 중국 등이 바로 그런 나라들이었다. 러시아는 부동항 대신에 지금은 미국을 겨냥할 목적으로 소련의 위성국을 한반도에 형성하기를 원했고, 또 중국은 동북아의 중심세력으로 한반도를 식민지화 하려는 목적으로 한반도를 탐내고 있었다.

그러나 지금은 시대가 달라졌다. 한반도에는 이승만 대통령을 통하여 이스라엘을 시기케 할 나라, 대한민국을 하나님께서 건설하시기를 원하셨다. 수재와 천재의 차이점은 글자 그대로 예수님의 증거인 예언적 혜안을 하늘에서 선물로 받고 못 받는데 달려 있다고 볼 수 있다. 그리스도인들은 성령의 선물로 특별한 안수 없이도 세례를 통하여만 받을 수 있는 것 같다. 이박사는 이런 관점으로 볼 때 천재였다.

이박사가 맥아더 장군이 보내준 비행기편으로 10월 16일에 귀국하여 대국민 담화를 발표했다. 그리고 귀국할 때 맥아더 장군으로부터 들은 우리나라의 독립에 관하여 서둘러 우리에게 알리고 싶었던 것 같았다. 맥아더 장군은 그에게 "모르면 물어가면서 하면 되니 걱정하지 말라"는 귀띔이었다. 이박사에게는 맥아더 장군이 다시 최근에 한국 신탁통치에 관한 말을 들은 것 같은 인상을 받았다. 그러나 그는 이 맥아더 장군의 귀띔에 격려되어 기쁨을 감추지 않았다.

　필자의 생각으로는, 아마도 9월 2일 미조리함에서 거행된 일본 항복식에서 맥아더 장군에게 일본이 1894년 이후에 획득한 영토에 대한 임의의 처리권을 받은 사실을 아는 미국무성 빈쎈트 국장은 Alger Hiss 차관보의 외교 클럽에서의 한국 신탁통치에 대한 연설을 하라는 지시를 받았으나, 혹시 맥아더 장군이 위임받은 권한과 상충되지 않도록 빈쎈트 국장이 맥아더 장군에게 연락을 하여 조율한 것으로 추정된다. 이 때 맥아더 장군은 아마도 염려 말고 하고 싶은 대로 하라고 일러준 모양이다.

　국무성 차관보로 있던 Alger Hiss로부터 지시를 받은 빈쎈트 극동국장은 아마도 맥아더 장군에게 위임된 권한을 알고 있는데 새삼 공산주의자로 알려진 Alger Hiss로부터 지시를 받고, 혹시 그의 신탁통치안의 발표에 관하여 맥아더 장군과 의논하여 서로 상충되지 않도록 하려던 모양이었던 것 같다. 그래서 맥아더 장군은 그것을 대수롭게 생각지 않고 그냥 마음대로 하라고 한 모양이었다.

　이승만 박사는 맥아더 장군이 만일 조선 사람들의 대다수의 의견이 합해진다면, 그것을 근거로 맥아더 장군은 조선을 독립시킬 권한도 있고, 또 그렇게 할 용의가 있다고 일러준 것으로 이해했다. 물론 대다수의 조선인들의 의견이 형성되면, 맥아더 장군은 그렇게 할 권한도 있으며, 또 그럴 용의가 있다고 말한 것으로 이박사는 이해했다. 물론 대다수의 조선인들의 합의라는 것은 맥아더 장군의 개인적인 생각이겠으나, 그것이 중요한 것은 맥아더 장군의 결정에 따라 조선의 독립 여부가 결정되기 때문이다. 이런 맥아더 장군의 생각은 민의를 존중하는 전형적인 미국인들의 사고이다.

 이 맥아더 장군의 귀띔에 격려된 이박사는 다음날부터 각계 정당원들을 개별적으로 만나면서 교제를 한 후에 드디어 10월 23일에 각 정당의 당수들이 조선호텔에서 만나, 회합을 열고 조선독립촉진 중앙협의회를 결성하고 이박사는 그 회장에 추대되었다. 그리고 이승만 박사는 그들에게 조선의 독립에 절호의 기회가 왔다고 알렸다. 그는 우리 국민의 대다수가 원하면, 맥아더 장군은 언제든지 그에 따라 조선을 독립시켜 줄 수 있다는 것이었다. 그러니 우리가 단결하여 우리가 원하는 것이 ① 즉시 독립을 촉구하며, ② 38선을 철폐하고, ③ 신탁통치를 반대한다면(1월 20일의 빈쎈트의 연설 후이다), 맥아더 장군은 그 대다수의 국민의 합의에 따라 즉시 독립을 줄 수 있다는 것이었다.

 그러니 우리는 사소한 정당 간의 차이점을 나중에 조절하기로 하고 우선 우리 모두가 즉각적인 독립을 촉구하며, 38선을 철회하고, 신탁통치를 반대한다는 결의를 하여 연합군에 보내자고 하였다. 그리고 앞으로는 이 조독촉 중앙협의회의 이름으로 모든 문제를 해결해나가자고 말했다. 이런 조선의 즉각적인 독립을 반대할 조선인은 물론 없었을 것이다. 만일에 있었다면 농담이지만 '그는 공산당일 것이다' 이 말은 당시에 사사건건 반대만 하던 공산당을 비아냥거리는 농담이었다. 그러나 이박사는 이 중요한 결정을 앞으로 10일 간의 심사숙고할 기한을 두고 오는 11월 2일에 다시 모여서 민주적인 방법인 투표로 결정할 것을 제의했다. 물론, 즉각 독립과 38선 철회와 신탁통치 반대에 합의를 보아 결의하자고 말했다. 이런 결의안을 연합군에게 통보하여 독립부터 얻고 보자는 것이었다. 그리고 모든 다른 문제들은 그후에 조절하자는 것이었다. 그리고 모든 다른 문제는 다음에 조선독립촉진 중앙협의회의 이름으로 해결해 나가자는 것이었다. 그래서 그들은 그 다음 10일 간을 심사숙고 한 후에 다시 회동하여 투표하니, 그 결과 이박사의 '안'은 만장일치로 찬성을 얻었다.

목마르게 기다린 독립부터 하고 보자는데 반대할 조선인은 과연 없었다. 그리고 11월 3일에 그 결의안을 세계 각국과 특히 연합국인 미국과 소련에 발송하려 했으나, 남노당 당수인 박헌영이 느닷없이 혼자 나타나서 어제 합의한 결의안에 반대한다는 말을 했다. 그 이유는 조선인들이 미소연합군에 대하여 배타적으로 흘러가고 있다는 생트집이었다. 아마도 소련이 북한에서 행한 약탈행위에 대한 북한인들의 소련군에 대한 반응을 말하는 것 같았다. 과연 이런 국가의 중대사에 반대하는 조선인도 있었다. 그것은 다름아닌 '종북파'였다. 농담이 진담이 되어 버렸다. 조독촉중협은 그의 반대에 따라 몇자를 수정한 다음에 11월 4일이 돼서야 결의안을 발송했다.

이 시점에서 김(일성)성주 대위 일당과 소련 장성들로 구성된 북한 고문단은 이박사에게 허를 찔린듯 한발 늦었음을 시인하고 급하게 꼼수를 찾아내야 했다. 그것이 바로 조선 인민 공화국의 건립을 위장해내는 것이었다. 인민 공화국을 서둘러 건립함으로써 그들이 한발 늦은 것에 대한 여러 가지 변명을 행동으로 하려는 그들의 꼼수였다. 그들은 한마디로 남한에 공산당의 발상을 넘어서 계획하고 활동하는 이박사에 대하여 의외로 놀란 것이었다. 이박사의 독립을 향한 행보가 그들 보다 한발 앞서 있다는 사실을 그들은 느꼈다. 그래서 소련군 장성들은 임의로 서둘러 위장하여 조선 인민 공화국을 선포한 것이었다.

이박사는 맥아더 장군의 귀띔에 따라, 우리 조선이 한 목소리를 내서 우선 독립을 얻고, 다음에 서로의 차이점을 조율하자는 것이었다. 만일 조선 국민 전체가 조선의 즉각적인 독립을 원하며, 38선을 철폐하고 신탁통치를 거부한다면, 맥아더 장군은 그렇게 해줄 권한을 가지고 있으며, 또 그렇게 해줄 용의가 있다고 말한 것으로 이박사는 이해하고 있었다. 국민 대다수의 뜻만 형성되면 미국 사령관의 권한으로 일본 영토였던 한반도를 독립시킬 수 있는 조건이 이루어진다는 것이 그의 귀띔이었다.

한국은 세계를 향하여 대다수의 사람들이 첫째 독립을 원하며, 둘째로는 38선을 철폐하고, 셋째로는 신탁통치를 반대한다고 말할 수 있어야 한다는 것이었다. 그래서 이박사는 귀국 하자마자 각 정당과 대화를 나누며 이런 조건을 만들려고 노력을 하고 조선 독립촉진 중앙협의회를 결성하고 당시에 국제를 잘 알아서 북한을 불법적으로라도 강점하여 북한은 미국을 공격하는 기지를 만들려고 혈안이 되어 있는 소련 장성들을 여유 있게 상대하여 그들로 하여금, 위장 인민 공화국을 형성하도록 굴복시킨 대한민국의 정치인이 이승만 박사 말고 또 누가 있었는가를 생각해 보았다.

김구 선생? 그분은 내가 존경하는 애국자이지만, 그 도둑넘들의 소굴에서 대한민국을 건져내서 독립을 가져오게 할 능력은 한참 부족했다.

김성수 한민당의 총재? 그분도 좀 더 독립운동을 하신 이승만 박사의 소신을 받들어 드렸더라면, 국가를 위해 더 생산적인 결과를 가져올 수도 있었다는 아쉬움을 남게 한다. 더욱이 미국의 시대가 열렸기 때문이었다.

이렇게 신탁 통치안을 제의한 소련의 꼼수를 한발 앞서 미소 공동위원회의 반탁파 대표직을 내던지고, 바꾸어 말하면, 이승만 박사는 소련의 꼼수를 한발 앞서 나가는 방향으로 한국문제를 이끌고 있었다. 그래서 조선에 대한 전권을 가지고 있던 맥아더 장군의 귀띔에 따라 우리 문제를 이끌어 가고 있었다. 이박사는 이미 소련의 꼼수를 모르는 체하고 한발 앞서 나가고 있었다.

그래서 그들은 재동에 있던 옛 경기여중 자리에 있던 곳에서 서울에 있던 약 1,000명의 공산당원들이 모여서 인민 공화국의 건립을 위장했던 것이다. 회합을 갖고, 이승만 박사를 대통령으로 모시고, 부통령에는 여운영 씨가 결성한 '정권 인수 준비 위원회'를 인민 공화국이 흡수하는 조건으로 부통령으로 추대되었다. 국무총리에는 허헌씨 그리고 내무부장에 김구 선생을 추대했다.

소련의 고문단의 자문을 받아서 그들은 이런 공작을 꾸민 것이었는데, 그 주요 목표는 첫째 이승만 박사에게 그들도 이박사를 당연히 대통령으로 모실 것이니, 안심하고 서둘지 말라는 암시였다. 다음에 그들은 이승만 대통령에게 으레히 부통령으로 따라 다니던 김구 선생을 이승만 박사를 분리시키는 것이었다.

김구 선생은 애초부터 임시 정부의 문지기라도 시켜주면 고맙게 그

일을 하겠다고 자신을 낮춘 분이다. 그런데 임정에 오래 있으면서 그는 이박사의 짝으로 부통령 자리를 바라보는 위치에 올랐었다.

　소련 고문단과 박헌영, 홍명희, 김성주 대위는 이 공작으로 세 가지의 목적을 달성하려는 것이었다. 그 가장 중요한 목적은 김구 선생을 이박사의 신탁통치 반대 진영에서 분리시키는 것이었고, 둘째로는 공산주의자이지만 자신들과는 이질적인 여운영, 송진우, 장덕수 등의 제거작업의 일환이었고, 세째로는 이승만 박사를 자신들이 필요할 때까지만 자신들의 사정권 안에 가두어 두는 소련인다운 잔인한 꼼수였던 것이 분명했다.

　여운영씨는 공산주의자였지만 김성주, 박헌영, 홍명희 등과 함께 한반도에 소련의 위성국을 만들 사람이 아니었기 때문에 제거 대상이 되었다. 그리고 김구 선생은 모든 면에서 이승만 박사의 짝이 된 것만도 감지덕지한 입장에서 먼저 그를 이박사와 분리시킨 다음에 4월에 열린 남북 지도자들의 연속회의로 유인하여 그를 이승만 박사의 짝이 아니라 그보다 한 단계 낮은 내무부장으로 이박사의 짝이라는 위치가 보장된 것이 아님을 주지시켜서 그 자리를 미련없이 포기하고 다른 길을 모색해 보도록 하여, 4월에 있을 남북 지도자 연속회의에 참석시키려는 복안이었다. 이와 같이 소련 고문단들과 김성주 대위는 앞으로 한반도에서 정권을 잡는 청사진을 이미 그려 놓고 그 계획에 따라 차근차근 실행에 옮길 계획을 하고 있던 것이었다.

　그런데 소련 장성들은 우선 김구 선생을 심리적으로 이승만 박사로부터 분리시켜 그가 자신의 새로운 위치를 찾게 하려는 것이었다. 김성주 대위, 박헌영, 홍명희와 같이 소련 위성국을 만들려는 사람이 아니었을 뿐 아니라, 그가 부통령으로 추대되고 그것을 수락한 것을 보면, 그는 이미 남한의 공산당 세력을 장악하고 있는 것이 확실하므로 소련 장성들의 제거대상이 되었다. 여운영씨는 이 모임을 가진 뒤 곧 암살되었다. 그렇게 하여 4월에 있을 남북 지도자 연속회의에 나와보라고 유혹한 것 같다. 허헌을 총리로 추대하고 김구 선생을 그 밑에 내무부장으로 추대하여 그를 이대통령 옆의 차석이 아니라는 시실을 확실하게 주지시켜서 4월에 있을 이른바 남북 지도자 연속 회의에 참석하도록 한 다음에, 그 모임에서 그를 마치 차석인 부통령이 아니라 그도 수석인 대통령도 될 수 있는 분으로 모실 심산이었다. 바꾸어 말하면 그 모임에서 김구 선생을 추켜 올려주려는 심산이었던 것으로 볼 수 있다.

이런 그들의 일석삼조의 계획은 야만적인 슬라브족이 예사로 할 수 있는 음모였다. 원래 소련 고문단들의 복안은 4월에 있을 '남북 지도자들의 연속 회의'를 북한 단독 정부를 세울 목표일인 6월 회의를 향한 준비 회동이었다. 소련군은 한반도에 침입할 때부터 이런 계획을 세워놓고 있었으면서도 용의주도하게 또 느긋하게 이런 작업을 하려고 미국무성의 공산주의자 Alger Hiss를 이용하여, 모스코바 삼상회의와 미소 간의 '비밀협약', 또 5개년 이하의 신탁통치안 등의 거짓말들을 꾸미고 있었다.

이런 실정에서 이런 공작을 간파하여 파괴할 수 있는 이승만 박사가 없었다면, 그들은 얼마나 여유 있게 그들의 복안을 수행할 수 있었겠느냐를 짐작할 수 있다. 그래서 당시에 IKE의 부통령으로서 상원 의장직을 수행한 Nixon이 대통령이 되어 Kissinger 국무장관을 통하여 중공과의 협상을 하기 전에 Nixon은 공산당에 대하여 한 수를 배우려고 이승만 대통령을 방문했다.

그는 이대통령에 대하여 이런 말을 남겼다. **"나는 이승만의 용기와 뛰어난 지성에 감명을 받고 한국을 떠난다. 공산주의자들을 상대할 때 예측할 수 없게 하는 것의 중요성을 강조한 이승만 대통령의 통찰력에 대하여 많은 생각을 했다. 그후 그의 현명함을 더욱 높게 평가하게 되었다."**

대강국의 부통령과 대통령이 된 Nixon이 이대통령에 대하여 이런 말을 했다면, 나는 이대통령이 하나님께로부터 받은 말씀, 곧 하나님께서 그의 발등과 그가 걷는 길에 비추어주신 등불이 어떤 것인지를 짐작할 수 있다. 이승만 대통령은 하나님의 신비와 현실을 망라한 지혜를 가지고 있었다고 생각한다.

Nixon은 1954년에 이대통령이 동북아에서 공산주의자들의 공작을 막아낸 영웅으로 초대되어, New York시 Broadway를 Open Car Perade로 누비고 나서, Washington D.C.로 내려가 상하의원들이 함께 모인 자리에서 연설을 했다.

이박사는 의원들의 열광적인 기립박수를 받으며 장내로 들어가 단상에 섰다. 먼저 한국전에서의 맥아더 장군의 용맹스러운 대응과 미국 국민의 아낌 없는 후원에 대하여 정중히 감사의 뜻을 전했다. 다음에 그는 할 말을 해야 했다. 남한의 정부가 한반도의 U.N.이 승인한 오직 하나의 합법 정부임에도 불구하고 부당하게 침입한 북괴를 압록강 밖으로 몰아내지 못하고 미완성으로 그친 데 대하여 미국의 용기 없었음을 줄곳 신랄하게 비판하였다.

그래서 이박사는 다시는 박수를 받지 못하고 외롭게 단상을 떠나 문

앞으로 가서 문을 열 때 다시 의원들의 기립박수를 받았다고 전해졌다. 물론, 이런 연설은 6.25로 파괴된 조국을 재건하기 위해 원조를 받으러 간 나라의 대통령으로서 세상적으로 현명한 연설은 아니었다. 그러나 하나님의 사람인 이승만 대통령은 할 말은 해야 했다.

다음은 백악관으로 가서 준비된 원조자금을 받는 순서였다. 자신의 경제에 대한 실력이 능하지 못함을 아는 이승만 대통령은 대동한 장기영씨로 하여금 미국의 대한 원조 계획을 검토하도록 하였다. 장기영씨는 곧 미국의 원조는 일본을 통하여 한국에 원조를 하는 것이기 때문에 미국 위주의 경제 원조임을 알아서 말했다.

이박사는 그 자리에서 미국의 원조를 거부하고 미국이 한국에 직접 원조할 것을 요구하고 그 자리를 떠나 U.N.으로 향했다. U.N.에서 그는 한국이 U.N.회원이 되어야 한다는 골자의 연설을 남기고 곧 미조리 주에 있는 트루만 전 대통령의 고향을 찾아가 침공한 북괴를 즉각적인 격퇴를 명령한 사실과 소련에 대한 봉쇄정책에 대하여 그의 손을 들어주었다. 그러나 맥아더 장군이 압록강 다리를 건너는 중공군을 격퇴하기 위해 일본에 있는 비행단에 융단폭격을 부탁한 것을 저지시킨 잘못에 대하여 트루만의 손을 들어준 것은 결코 아니었다.

나는 그때 미국 Baltimore에 있었으므로 미국 신문을 볼 수 있었다. 미국은 그때 6.25전쟁에 즉각적인 대응을 하였고, 특히 소련에 대하여 소련에 대한 봉쇄정책(Containmnt Policy)을 선포한 터라, 소련에 대하여 조심을 하고 있을 때였다. 그래서 이승만 대통령이 미국을 비난할 때 박수를 보내지 못했다는 것이었다. 그래서 이대통령이 미국의 용기없음을 비난할 때 박수를 못 보낸 것은 소련이 미국을 전쟁광

(warmonger)이라고 비난할까 두려워서였고, 문을 열고 나갈 때 다시 박수를 친 것은 노인의 용기에 찬사를 보낸 것이라고 했다. 내가 알기로는 미국이 지금보다 훨씬 영적인 나라였으며, 전쟁을 축소시키고 평화를 얻으려는 미국의 입장에서는 일리가 있는 말이었다.

이박사가 Printceton대학에서 박사학위를 공부할 때 그후에 미국의 28대 대통령이 된 Woodrow Wilson의 지도를 받았다. 그는 미국의 대통령 중에서 유일하게 박사학위를 가지고 있던 대통령이었다. 그런데 그의 대통령으로서의 업적을 보면, 민족자결주의의 제창과 국제 연맹을 제안하여 국제기구를 만든 것이다. 그러나 미국은 의회에서 부결되었으로 League of Nations에 가입하지 못했다. 그러나 세계 제2차 대전 후에는 미국이 2차 대전을 주도하였고 U.N.을 구성하였으므로 U.N.의 힘으로 대한민국은 독립을 할 수 있었다.

그런데, Wilson 대통령은 미국의 국산 박사였다. 구라파에서 박사학위를 받은 것이 아니라 미국의 The Johns Hopkins 대학에서 박사학위를 받았다. 학부도 JHU에 들어갔다가 일년을 마치고 Princeton으로 전학하였다. 왜 전학하였는지는 기록에 없어서 알 길이 없다. 그러니까, Princeton에서 Wilson 총장의 지도로 박사학위를 받았지만 이승만 박사는 학생으로서 Wilson이 대통령이 되어서 연구할 과제를 제공한 셈이 된다. 이승만 대통령은 학생으로서 미국의 장래 대통령에게 연구 과제를 드린 '천재'였다.

이승만 대통령의 미국 의회에서의 미국 비난연설은 당장에 원조를 받는 데에 그들의 환영을 받지 못했는지 몰라도, IKE 대통령에게 감명을 주어, 이승만 대통령은 그가 존경하는 다섯 사람 중의 한 사람이 되었다. 아마도 이승만 대통령의 연설에 Nixon 부통령도 감명을 받은 것 같다.

나는 우리 대한민국의 2012년 대통령 선거의 주요 후보였던 세 사람에 대하여 염려가 많았다. 나는 보수정당을 찬성하나, 박근혜 후보에 대하여 염려하는 것은 그가 여자이기 때문에 대통령이 될 수 없다는 것이 아니다. 나는 남존엽비의 편견이 없는 사람이다. 영국이 전성기에 해가 지지 않는 나라로 성장하였는데, 그때는 바로 Vicoria여왕이 유대인 Disraeli총리를 데리고 다스리던 때였다. 나는 또 영국의 Datcher 총리의 업적에 대하여도 알고 있다. 그뿐 아니라, 성경에 보면, 이스엘이 왕국시대로 들어가기 이전에 왕과 동등한 위치에 있던 사사(판관)들이 다스릴 때에 판관들 중에는 Debrah라는 여자 판관이 있었다는 사실도 알고 있다. 나는 여자가 대통령도 될 수 있고, 대법관도 될 수 있다고 생각한다. 나는 박후보가 여자이기 때문이 아니라 그의 종북파에 대한 부적절한 신뢰가 치명적인 잘못인 것으로 보인다.

많은 사람들이 이스라엘 문화는 남존여비의 문화라고 잘못 알고 있다. 남존여비의 문화를 가진 나라에서 여자도 남자와 동등하게 군복무를 시키도록 했겠는가? 이스라엘을 하나님의 전통을 보존하려는 나라이지 결코 남존여비의 문화를 가진 나라는 아니다.

성경에 하나님께서 남자를 먼저 창조하시고, 그를 돕기 위하여 여자를 그의 갈비뼈를 꺼내어 만들었다고 되어 있으므로 남자는 하나님의 영광이며, 여자는 남편의 영광이라고 했다. 따라서 남자가 그의 머리를 가리는 것은 하나님의 영광을 가리게 되는 것이며, 만일에 여자가 자신의 권세가 있는 머리를 가리지 않는 것은 남편을 욕되게 하는 것이라고 했다. 그러므로 여자는 교회와 회중 안에서만은 남자를 가르치지 못하도록 금했다.

물론 하나님의 말씀을 대언하는 것은, 자신의 말이 아니라 하나님의 말씀을 받아서 전하는 것이므로 용납이 되지만 이때에도 마땅히 머리에 면사포를 써야 한다. 여자는 교회나 회중 안에서 말하는 것 사체를 부끄럽게 여겨야 한다는 것이다. 그리고 교회나 회중에서 머리를 가리는 것은, 고린도 전서 11:10에 '천사들을 위해'라고 기록되어 있는 것을 보면, 아마도 이것이 천사들을 통하여 하나님께 보고되리만큼 중요한 것 같다. 이것은 이스라엘에서 종교모임이나 기독교인들만 지켜야 하는 것임을 명심해야 한다.

정말로 남존여비의 사상을 가진 자는 '기쁨조'를 운영하는 김성주, 김정일, 김정은 등과 일찍이 사대의 예물로 처녀의 상납을 받은 중국넘들과 위안부를 징용한 일본인들이다. 이른바 진보라고 하는 북한이 남존여비의 사상을 가졌으니 할 말이 없다.

내가 박후보에 대하여 염려하는 정책은 참으로 국가의 운명을 좌우하는 문제이다. 공산주의자들의 지도자 레닌은 일찍이 국제조약이란 국가 이익에 반할 때는 언제든지 파기할 수 있는 '파이'와도 같은 것이라고 가르쳤다. 이런 사상을 가진 북한을 그 동안의 만행과 불량성을 체험하고도 그들과 공동으로 선언한 7.4선언, 6.15선언, 10.4선언들은 국제사회 앞에서 한 약속이어서 지켜야 한다는 말을 했다.

나에게 이런 그녀의 말은 나라를 망치겠다는 말로 들린다. 그러나 다행인 것은 김정은은 아직 그의 선조들의 악습을 배우지 못한 것 같아서 다행으로 생각했다. 나는 사실 대통령 선거전에서 특정한 후보들만 나와서 토론을 하는 것인지, 미국식을 너무 그대로 닮으려고 했다고 생각한다. 그러니까 김대중과 노무현 같은 사람은 컴퓨터를 치는 모습이 선전물로 나오지 않았나? 어떤 대통령이 컴퓨터를 스스로 치는가? 사이비 대통령이 되려면 몰라도 말이다. 토론회에는 당사자만 아니고 중요한 경제 전문가 또 보좌관들도 함께 나와야 한다고 생각한다.

나는 또 문재인이나 안철수에 대하여는 그들도 배우리만큼 배운 사람들인데, 어째서 공산주의를 진보라고 부르며 그것을 표방하는지 이해할 수가 없다. 역사를 통하여 보면 대표적인 공산주의 국가가 넷이 있는데, 그들은 모두 심한 독재 정권 밑에서 가난하게 살았다. 그래서 공산주의를 부요하고 자유로운 지상천국을 이루기 위해서 실현한다는 것은 시대착오적인 것으로 인류역사는 이미 판정을 내렸다.

인류 역사에 소련, 중공, 북한, 베트남이 독재정권 밑에서 가난하게 산 실패한 공산 국가들이다. 그러나 좌파인 문재인과 안철수가 우리나라도 그런 전철을 밟기를 원하지는 않을 것 같은데 말이다. 정치란 어떻게 국민을 더 자유롭고 부요하게 살게 할 수 있느냐를 가늠하는 게임이 아닌가? 공산주의는 19세기 중엽에 소개되어 이미 부요한 사회를 구성하는데 부적합한 제도임이 역사상 증명이 되었다. 한마디로 굶어죽고 싶으면 시대착오적인 공산주의를 해보라고 말하고 싶다.

나는 문후보 보다 안후보에 대하여는 다욱 염려가 된다. 그는 아직 명확히 그가 공산주의를 선호하는지 혹은 자유민주주의를 선호하는지, 그의 북한에 대한 태도 조차 말하지 않고 있다. 이것이 바로 이대통령이 Nixon에게 말하는 '예측이 불가능한 일'을 저지를 요소인지도 모른다. 그들은 장애자들의 운동회에 가서 문후보와 안후보가 선거운동을 하다가 봉변을 당했다. 그때 그 모임의 회장이 내려와서 이들에게 그들의 북한에 대한 태도를 말해줄 것을 요구했으나, 그들은 답변을 하지 않았다.

그래서 이것이 그들의 예측할 수 없는 행동이 솟아날 요소로 보인다. 문재인은 이미 밝혔으나, 안후보는 그것 조차 밝히지 않고 있다. 그러나 그가 좌파후보의 파트너인 것을 보면 그도 좌파이다. 그의 아버지의 말에 의하면 그는 좌파가 아니라고 하지만, 그가 박원순 서울시장의 친구이며, 그의 도움으로 좌파인 박이 시장으로 당선된 것을 보니, 그가 좌파인 것이 사실인 것 같다.

좌파와 종북은 구별하기 힘들므로 이들 모두를 배척해야 한다. 왜냐하면, 좌파가 되면, 소련, 중공, 베트남, 북한과 같이 독재와 빈곤의 열매를 맺는 나무로 증명이 되었기 때문이다.

저 공산당의 김구 선생에 대한 계략은 잘 맞아 떨어졌다. 4월에 북한을 방문하고 돌아와서 김구 선생이 한 성명을 보면 그는 과연 전과는 달리 '신탁 통치'를 반대한다는 말은 하지 않았고, 미·소 양군이 동시에 철군해야 한다는 그들의 주장을 강조하여, 그야말로 그들이 6.25 전쟁으로 실력행사를 하려는 의도를 본의 아니게 도와주는 결과가 되었다. 그는 또 U.N. 감시 하의 통일 정부안을 좌익들이 선전하는 것 같이 '남한 단독 정부안'으로 잘못 알고 반대한다고 하였다.

사실 이것은 그들의 또 하나의 적반하장적 거짓말임을 김구 선생은 모르고 한 말인 것 같다. 그들은 처음부터 김성주가 소련군 정보장교로 들어와서 각처에 인민 위원회를 설립하여 오는 6월에는 그들의 단독정부를 세울 계획이었으며, 4월의 연속 회의는 그의 준비 모임이었다. 그리고 김구 선생은 남북의 모든 정당과 사회단체의 협의체를 만들어야 한다고 했으니 살인, 방화, 교사 등을 밥먹듯이 하며, 위조지폐까지 만든 남노당을 불법화 하자고 주장하지는 않고, 오히려 그들을 인정하고 받아들인 결과가 되었다.

그는 또 총선을 통한 입법기관의 설립을 주장했다. 그래서 그는 속아서 본의 아니게 북한 노선의 충실한 대변자가 되고 말았다. 그의 북한으로부터 귀환하여 발표한 첫 성명은 미·소 양군은 한반도에서 철군해 줄 것이었다. 둘째로는 남북의 모든 단체들의 협의체를 만들고, 다음에 입법기관을 만들자는 것이었다. 그는 본의 아니게 북한의 충실한 대변인이 되어 돌아온 것이었다. 아니, 북한의 정치는 한국계 소련인 김성주를 꼭두각시로 세워서 소련 장성들이 스탈린의 명령에 따라 임의대로 하고 있었다.

소련은 약탈군이어서 9월 2일 미조리함에서 있던 일본의 항복식 이후에는 소련이 북한에서 철군할 수밖에 없었던 입장에 있었던 사실을 김구 선생은 모르고 있었던 것으로 추정된다. 그리고 여기에서 볼 수 있던 것은 김구 선생은 애국자이고 나이도 이박사보다 한 살 아래였지만, 그는 이미 노인이 되어 사리를 잘 판단할 수 없는 상태에서 억세고 젊은 좌파에게 속고 있었다.

이런 일들이 일어난 것은 모두 이승만 박사가 1946년 12월 3일에 미국에 가서 미국 내에 Cairo회담의 진의를 여론화 하고 있을 때였다. 여기에서도 볼 수 있듯이 공산당은 사람들이 상식적으로 하려는 선한 일들을 까닭 없이 미워하고 반대하며 물고 늘어졌다. 그들은 대한민국의 통일 정부수립을 정당한 이유 없이 방해했다. 어째서 그럴까? 그들은 대부분의 선한 사람들이 악하다고 보는 소련의 파쇼 중의 파쇼, 독재정권을 세우기 위해서 선한 대중의 민주 정권을 반대하는 것이었다. 그렇다면 그것은 악한 자, 곧 악마가 주관하는 것이라고 말할 수 있다. 여기에서 쉽게 볼 수 있듯이 공산당은 사람들이 상식적으로 하려는 선한 일들을 까닭 없이 미워하고 반대하며 물고 늘어진다.

Nixon 부통령이 이박사의 통찰력을 인용한대로 과연 '공산주의자를 상대할 때는 예측할 수 없게 하는 것의 중요성'을 알아야 한다. 그들은 어째서 그런 것일까? 그들 대한민국의 정부수립을 정당한 이유 없이 방해하며 예측할 수 없는 적반하장의 거짓말을 했다. 미국에서 오래 산 이박사나 Nixon은 그런 표현으로 밖에 설명을 못하지만, 공산주의자들과 몸을 비비며 함께 살아본 우리는 좀 다르다. 공산주의자들은 시대착오적인 오류에 빠져 있다. 이미 약 160이 넘은 낡은 공산주의 사상, 그리고 역사를 통하여 그 사상의 실패가 증명되었는데도 그것을 옳은 것으로 잘못 믿고 있기 때문이다. 공산주의 혁명은 실패할 수밖에 없는 실패한 혁명임이 역사를 통하여 네 개의 나라에서 판명되었다. 이런 사실은 역사가 확인하고 있음에도 그 사상을 고집하는 것은 일종의 병적인 것이다. 참으로 알다가도 모를 일이다.

좌파들이 자신의 정체를 숨기는 이유는 공산주의는 이미 낡은 실패한 사상이며, 인류의 가난과 인권 유린의 상징임을 역사가 증명하고 있기 때문이다. 그러나, 실용주의의 기준으로 판단한다면, 공산주의라는 나무는 가난과 인권유린을 열매로 맺는 나쁜 나무이다. 잘라버려야 마땅한 나쁜 나무이다. 가난과 독재만을 열매로 맺는 악한 나무이기 때문에 잘라버려야 하는 나무이다. 공산주의의 약점은 물리적인 것만을 인정하고, 모든 물리적인 것의 근원이 되는 영적인 것을 부정하는 것이다. 그래서 그들은 사실 반쪽도 못 되는 것으로 생활을 영위하려 드니, 가난이 따르고 독재를 할 수밖에 없다. 낡은 못쓸 나무는 과감히 잘라 없애고 새로운 나무를 심어야 한다.

그리고 지난 약 70년 간, 어설프게나마 그 씨가 땅에 저절로 떨어져 달린 열매도 우리는 한반도의 북쪽과 남쪽을 비교하여 확인하였다. 어째서 북쪽에서는 일년에 수백만 명씩 굶어 죽으며 공포에 떨면서 사는 동포들을 우리는 '너희들을 불쌍하게 생각한다. 남쪽에서는 개량종을 개발하여 쌀이 남아돌아도 너희에게 주면 그들을 그것을 팔아서 우리를 치려고 원자탄을 만드니 이럴 수도 저럴 수도 없다. 미안하다! 미안하다! 참으로 미안하다!!!'

우리는 자연적으로 얻은 천혜를 구가하며 '노세! 노세! 젊어서 노세!'를 구가하던 낭만적인 과거로부터 깨어나서, 세월을 헤아릴 때가 왔다. 나는 이런 사실을 하나님께서 말씀하셨기 때문에 알게 되었다.

좋은 씨의 존재를 확인한 우리는 이제, 천연적이고 낭만적인 관습에서 벗어나 이제는 이 시대의 종말을 준비해야 하는 때이다. 천연적으로만이 아니라 좀 더 학문적으로. 더 조직적으로 또 더 과학적으로 실용주의를 접근하여 그 씨의 개량종을 창출할 시기에 도착해 있다. 그래서 이 고통 속에서 '민족개조론'을 쓰던 인본주의 시대를 건너 뛰어, 더 아름다운 시대로 들어가야 한다. 이제는 우리 선열들이 고충스러워 한 이 나라가 새로운 하나님의 노래에 맞추어 춤을 추며 일하는 시대에 우리는 돌입해 있다.

6

이승만 박사 1946년 12월 3일에 다시 미국을 방문하다

 이승만 박사는 U.N.에 상정하는 한국문제는 우리가 할 일로 생각하여 미국 망명 시절부터 이승만 박사의 독립운동을 돕던 임영신 여사와 임병직 옹을 U.N.에 파견하여 한국문제를 U.N.에 상정하는 준비를 시켰다. 이승만 박사는 12월 3일에 출발하기 이전에 한국에서 준비할 것이 있었다. 그는 더 이상 무의미한 미소 공동위원회를 하지 중장이 소련 장성들의 페이스에 맞춰서 제2차로 공동위원회를 개최하는 것을 거부하고, 반탁파 대표직을 사임한 후 한국문제를 U.N.에 상정하여 통일 정부를 설립할 계획을 세우고 있었다,

 한국민주당의 김성수 옹도 당연히 이에 대한 전폭적인 지지를 하였고, 전승국인 미국의 맥아더 장군에게 권한이 있음을 아는 이박사는 맥아더 사령부와 미국무성 극동국장과 백악관에 그가 구상하고 있는 U.N.상정안 내용을 전송하고 있었던 것으로 짐작된다.

 이승만 박사는 농민들에게 U.N.안을 설명하면서 서울에서 전북 정읍

까지 내려가 보니, 의외로 농민들의 찬성을 받아 이승만 박사는 이른바 '정읍 발언'을 하기에 이르렀다. 여기에서 이박사도 자신감을 얻고 U.N.상정안을 추진할 것을 결정한 것 같다. 농민들의 이박사에 대한 기대와 신뢰가 공산주의보다 큰 것을 알게 되었기 때문이었다. 그래서 그는 전북 정읍에서 이른바 '정읍 발언'을 발표했던 것이다.

이승만 박사는 농민들의 불만이 선을 넘지 않은 것을 확인하였고, 생활이 구차한 농민들까지도 이승만 박사에 대한 지지도가 높고, 지금이라도 올바른 농지개혁을 하면 되겠다는 확신을 가지게 되었다.

그러나 소련은 지난 1945년 12월 27에 했던 삼상회담 결정을 가지고 떼를 쓰기 시작하였다. 삼국 외상들이 모여서 합의된 것이었기 때문이다. 그것은 일본이 항복한 지도 이미 약 4개월이나 지난 후에 결정되었다는 것이다. 그리고 북한에 주둔한 소련군은 김구 선생을 이박사와 한 쌍이 되어 반탁을 주장하고 있는 것을 분리시킬 목적으로 공작을 꾸몄다. 모든 면에서 이승만 박사의 짝이 된 것만도 감지덕지한 입장에서 그들은 김구 선생을 분리시킨 후에 그가 북에서 4월에 열리는 남북 지도자들의 연속 회의에 참석하도록 북한의 단독정부 수립인 6월에 참석케 하려는 심산이었다.

그래서 4월 준비회의에서는 김구 선생을 마치 차석이 아니라 수석으로 대통령을 할 분으로 대접할 요량으로 소련 장성들이 계략을 꾸민 것이었다. 그리고 둘째로는 여운영씨와 같이 비록 공산주의자이지만, 김성주 대위, 박헌영, 홍명희 등과 함께 유럽에서와 같이 불법적으로라도 소련 위성국을 만들려는 사람이 아닌 사람들을 제거하는 것을 목적으로 하고 있었다. 바꾸어 말하면, 북한의 제거 대상을 정리하는 것이었다. 그렇게 하여 4월에 있을 남북 지도자 연속회의에 와보라는 유혹이기도 했다. 이렇게 그가 4월달에 북한으로 지도자들의 연속회의에 참가한 것은 김성주 대위 일당과 소련 장성들로 구성된 소련 고문단들에게 속은 것이었다.

다음에 그 모임에서 그를 마치 차석인 부통령이 아니라 그도 수석인 대통령도 될 수 있는 분으로 모실 심산이었다. 바꾸어 말하면 그 모임에서 김구 선생을 대통령으로 모시려는 기색을 보임으로써 6월에 있을 그들의 북한 단독 정부를 세울 때에 참석시키려고 한 것 같다. 바꾸어 말하면, 소련 장성들은 북한에 독립국가를 세우는 대신에 위성국을 세우려고 소련군 장성들이 임의로 불법적으로라도 처리하여 독립국이 아니라 소련의 위성국을 세우려고 한 것이었다.

김성주 대위는 꼭두각시였고, 모든 일은 스탈린의 욕심에 따라 소련군 장성들이 임의로 소련 위성국을 만들고 있었다. 그리고 그들은 그들보다 신속하게 활동하는 이박사를 만나서 그의 한국 독립을 향한 행보에 놀랐다. 그래서 그를 달래 잡아두려고, 소련군 장성들은 서울 재동에서 인민공화국 설립을 위장할 수밖에 없었다. 4월의 연속 회의는 그의 준비 모임이었다.

'형제들이여, 우리의 장래를 위해 찬양을 올리며 노래하여라!!!' 소련군은 이유없이 북한에 침입한 약탈군이어서 9월 2일 미조리함에서 있던 일본의 항복식 이후에는 소련이 북한에서 철군할 수밖에 없었던 입장에 있었던 사실을 김구 선생은 모르고 있었던 것으로 추정된다. 그리고 여기에서 쉽게 볼 수 있었던 것은 김구 선생은 애국자이고 나이도 이박사보다 한 살 아래였지만, 그는 이미 노인이 되어 사리를 잘 판단할 수 없는 상태에서 억세고 젊은 좌파에게 속고 있었다는 사실이다.

이승만 박사는 미국에 망명하고 계실 때, 상해 임시정부의 초대 대통령이었고 또 초대 총리도 지냈다. 그날 그분은 평생을 해외에서 혼자서 나라를 걱정하는 근심에 잠겨서 동분서주하며 열정적인 구국 운동을 하신 노고에 대한 동포들의 존경심을 대국민 담화를 통하여 불러 일으켰다. 나는 당시에는 기독교 신자가 아니었지만, 지금은 대한민국 정부 수립에 절대 불가결한 인재를 키워주신 하나님께 감사를 드린다.

우리의 믿음직한 애국지사는 세종대왕의 형인 양영대군의 후손이며, 고향인 황해도에서 한때 한학을 공부했으나, 그 후에 배재학당에 입학하여 영어와 더불어 미국식 학문을 익히기 시작했다. 배재학당 시절에는 당시 거기에서 영어를 가르치던 서재필 박사로부터 영어도 배웠다고 한다. 그는 당시에 개혁주의자로 활동하다가 투옥되어 거기에서 5년간을 수감되어 있는 동안에 독실한 기독교인이 되었다고 한다.

그는 당시에 부패한 탐관오리들의 부정부패를 척결하기 위해서는 한국이 철저한 기독교 국가가 되어야 한다는 신념을 굳게 가지고 있었다고 한다. 그는 과연 대통령 임기 중에도 한 푼의 금전도 탐내지 않은 대한민국의 모범적인 대통령이었다. 그리고 그는 모든 공무를 집행하는 직책을 가진 사람들의 귀감이 되는 분이었다. 그는 기독교인이 되었지만, 그의 자란 환경은 유교 집안이어서 그는 고매한 인격을 갖춘 모범적인 유교적인 분이었다.

누구인가가 이런 말을 했다. 아마도 어떤 스님이었던 것으로 기억하는데, 그는 대한민국의 대통령들은 모두 정부에 들어가 돈을 도둑질 해서 한 보따리씩 가지고 나오는 자들뿐이라고 질타한 글을 나는 읽은 기억이 있다. 그는 그렇지 않은 대통령도 있었다는 사실을 잠깐 잊었던 것 같다. 그 분은 어떤 선진국의 전설적인 대통령이나 수상이 아닌 우리 대한민국의 초대 대통령 우남 이승만 박사이다.

우리 국민들은 정치를 하려면 돈을 도둑질 하지 않고는 할 수 없는 것으로 생각하며, 도둑질은 정치인들의 필요악으로 착각하고 있다. 돈 먹고 감옥살이를 한 차례씩 치른 사람들도, 마치 자신이 민주화 운동을 하다가 옥고를 치른 사람들처럼 변신한다. 더 큰 문제는 그것을 국민이 그렇게 인정해 준다는 사실이다. 우리 대한민국이 그럴 수는 없다. 부정하게 돈을 먹고 옥살이를 치른 사람들도 마치 민주화 운동을 하다가 옥살이를 한 애국자 모양으로 의기양양 하다.

물론, 사람이니까 돈을 만지는 사람들 중에 돈을 탐내는 사람이 왜 없겠는가? 그러나, 선진국에서는 그렇게 된 사람들은 다시는 정치를 못하고 떠나야 한다.

첫째 자신이 부끄럽고, 둘째는 국민이 받아주지 않기 때문이다. 그런 것은 사실은 물론 불법행위이지만, 그런 것을 자신이 부끄럽게 생각하는 사회여야 한다. 특히 우리나라의 엘리트인 법조인들 안에도 부끄럽지만 이런 특권의식(깡패성)이 존재한다. 이들이 자발적으로 그 깡패적인 구조악에서 벗어나지 못한다면, 형법을 적용해서라도 이 망국의 징조를 없애야 한다.

마치 우리의 민족성을 간파하고 있던 박정희 대통령이 부도 당좌수표에 대하여 형법을 적용시켜서 우리나라의 경제성장의 도움이 되었던 것처럼 말이다. 물론, 당좌수표를 형법으로 다스리는 나라는 지구상에 없을 것이다. 그러나 이는 자발적으로는 지난 반 세기 동안을 기다렸으나 불가능했으니 아마도 우리 습성에 그런 성품이 묻어 있는 모양이다.

형법으로라도 그 특권의식(깡패성)을 다스리는 것이 망국보다는 낫다. 이것이 우리 민족성의 일부이니, 다른 방법이 없는 것 같다. 이런 구조악에서 벗어나서 '유전무죄, 무전유죄, 정관예우' 라는 악마적인 신화에서 빠져나와야 한다. 이런 부끄러움을 무릅쓰고라도 우리 사회는 치유되어야 한다. 아마도 소수 엘리트들의 깡패성이 치유되면 조폭, 중고등학교의 깡패주의, 성폭행과 같은 범죄들이 줄어들 것으로 생각된다. 이것은 의식의 문제이므로 곧 고쳐질 수 있는 '악' 이다.

또, 이승만 박사는 당시에 대한제국의 고종 황제의 특사로 미국의 테오더 루즈벨트 대통령에게 파송된 일도 있었다. 당시에 이승만은 데오더 루즈벨트 대통령을 그의 사택으로 방문했었으나, 그는 문전박대를 당하고 대통령은 만나지도 못했다.

당시는 온 세계에 제국주의적 풍조가 만연하여 미국은 스페인과의 전쟁에서 승리한 대가로 필리핀을 점유하는 것을 일본이 대평양 연안의 강국으로서 묵인하는 대신에 일본의 한국 점유를 묵인해주는 결탁이 미국과 일본 간에 비밀리에 맺어져 있을 때였기 때문에, 루즈벨트 대통령은 한국으로부터 온 특사를 반길 수 있는 입장에 있지 않았다.

이승만은 하는 수 없이 미국의 수도인 와싱톤 DC에 소재하는 와싱톤 대학에서 2년만에 학부를 마치고 하버드 대학의 대학원으로 진학하여 석사학위를 받았다.

행동적이고 실용주의적인 이승만은 아마도 미국에서 배울 만치 배웠다고 생각하고 한국의 독립을 위해 어떻게 해야 할지 몰라, 그의 장래 활동에 대한 구상을 하면서 여러 가지 궁리 중에 있을 때, 한국에서 알게 된 선교사 한 분을 만났다. 그의 추천으로 그는 프린스톤 대학에 박사학위 과정을 시작하였다. 그래서 그는 한국인으로는 처음으로 프린스톤 대학의 박사 학위를 받았다.

그는 과연 그의 믿음대로 대통령이 되어, 검소하고 깨끗히 살아 대한민국의 모범적인 건국의 대통령이 되었다. 그는 좌파들의 거짓 선전으로 독재자로 왜곡 선전되었지만 독재자는 아니었다. 그래서 그는 자신이 잘한 일에 대하여 공치사하는 일이 없었으며, 묵묵히 대통령으로서 자신이 할 바를 한 분이며, 법을 엄하게 지키는 법치주의자였던 것으로 보인다. 그분은 일인지하 만인지상의 영의정의 정신으로 대통령직을 수행한 분이어서, 언제나 소신껏 모든 일을 처리하였음으로 강한 대통령이었으나, 헌법을 어긴 일은 없었다.

당신은 오직 한분이신 하나님 밑에 있는 사람, 곧 일인지하였으며, 모든 국민을 다스리는 윗분의 자세로, 곧 만인지상의 긍지를 가진 분이었다고 기억한다. 이런 그분의 성품이 그를 독재자 아닌 독재자라는 인상을 주게 한 것이 아닌가 하고 생각하게 된다. 물론 그분은 건국의 대통령으로 부름을 받았으므로, 그리고 건국은 사실상 공산주의자와의 투쟁이었으므로, 공산주의자들에게는 그가 독재자로 느껴진 것이 사실일 것이다.

그분은 대통령의 위상을 갖추고 있었으나, 결코 교만한 분은 아니었던 것으로 나는 기억한다. 그분은 모든 이들을 측은히 생각하는 고매한 유교적인 정을 지닌 분이었다. 그리고 그분은 유교적인 분의 모범이었다고 생각한다.

이승만 박사는 1945년 10월이 되어서야 고국에 돌아왔으나, 당시의 한반도는 미군정이 통치하고 있었으며, 그 사령관은 하지 중장이었다. 그러나 그는 1943년 Cairo회담에서 결정된 대로 한국의 독립을 위해서 서두르지 않고, 우선 한반도의 일본군을 무장해제하고 일본인 주민들을 일본으로 돌려보내는 데 바빴다.

한국의 독립을 위해서는 오히려 'Yalta밀약설', 또 미국무성의 극동국장이 미 외교 클럽에서 발표한 조선의 신탁통치안 등이 떠들석하게 난무하고 있었다. 이것은 이박사에게는 의외의 일이었지만, 그는 대한민국 독립을 위한 싸움이 본격적으로 시작되었고, 어디에서부터 시작해야 하는 것임을 직감적으로 알았다. 그리고 그는 '밀약설'이니 '신탁통치안' 등이 미국 국무성에서 근무하는 공산주의자 차관보인 Alger Hiss로부터 시작되었다고 추정하기는 그리 어렵지 않았다. 그래서 그는 '밀약설'과 '신탁통치 안의 문제'를 해결하기 위하여 불원간 다시 미국을 방문할 것을 생각하기 시작했다.

그런 일이 있은 지 한참 후 신문에 이박사의 방미 보도가 실렸다. 필자는 그가 그때 다시 미국을 방문한 영문을 몰라 요사이 조선일보의 열람실을 찾아 그때의 기사들을 열람하여 읽어보았더니, 이박사는 미국 내의 Cairo회담의 결정대로 한국의 독립이 이루어져야 한다고 하는 정당한 여론이 미국에서 여론화되게 하기 위하여 방미했다는 것이었다.

이박사는 미국에 도착하여 그를 돕는 친구들을 만나서 의논을 해보니, 미국의 정계는 미국 국무성 내의 사건을 파고들지 않고 적당한 선에서 해결하기를 원하는 것을 알고, 이승만 박사는 이 문제를 간접적이고 우회적인 방법으로 해결할 것을 결심한 것 같다. 만일 이 문제가 공개되도 우리나라에는 조금도 도움이 될 것이 없을 것이며, 트루만 대통령의 재선에도 좋지 않은 영향을 끼칠 것이고, 더욱이 아직 독립도 못한 약소국이 강대국인 미국이 내부 문제를 상관하다는 것은 대단한 모험이었을 것이다. 이박사가 이런 간접적이고 우회적 방법으로 미국 정부를 대한 것은 아마도 그가 오랫 동안의 미국인들과의 접촉과 그를 돕는 친구들의 조언을 경청한 결과였을 것 같다.

그래서 그는 1943년 Cairo회담에서 결의된 한국 독립 방법대로 미국 여론을 주관하도록 상기시키며, 하지 중장의 한국 독립에 대한 소극적인 태도와 미국의 소련에 대한 전우애에 치중하여 한국 독립을 소홀이 한 사실에 대하여 항의하는 선에서 대미국 항의를 그쳤으나, 미국의 마아샬 국무장관은 자신이 직접 U.N.에 한국문제를 제의할 것을 약속했고, 또 하지 사령관으로부터 직접 업무보고서를 받도록 하겠다는 약속을 받았으며, 또 4~6억불의 경제 원조까지 주겠다는 약속도 받았다. 특히 이 경제원조의 조건은 북한과 함께 사용할 수도 있다는 것이었다. 아마도 마아샬 장관은 자신이 한국 문제를 U.N.에 상정하면, 그것이 통과될 것이 거의 확실함으로 건국을 위한 것이므로 북한분까지를 배려한 것 같다.

이런 이박사의 헌신적인 노력과 외교적인 지혜로 미국의 정계를 우회적인 방법으로 접근하려는 결심을 했다. 이박사는 대 강국인 미국의 국무성에서 일어나는 내부 문제를 조심스럽게 접근하여 Alger Hiss의 이름조차도 언급하지 않고, 지혜롭게 대응함으로써 해결책을 마련하려고 노력했다. 미국의 소련에 대한 전우로서의 의리 때문에 하지 중장의 소극적인 태도로 한국의 독립이 늦어지고 있음을 항의하면서, 다만 Cairo회담의 결정을 실행에 옮길 것을 요구하는 선에서 그의 대미 활동을 자제했다. 약소국이 아직 독립도 못한 처지에서 대강국의 내부 문제까지 간섭하는 것은 적절치 않다는 판단을 내렸기 때문이었다. 사실 이박사의 지혜와 유연성이 아니었다면 과연 대한민국이라는 나라가 이 세상에 존재하였겠는지를 의심하게 된다. 물론 그때는 내가 역사를 잘 몰랐으니까 철없는 생각도 했지만, 요새와서 한국의 현대사를 조금 공부해보니까 이승만 박사는 참으로 훌륭한 분이었다.

이런 면모를 잘 관찰한 미 제8군 사령관 밴프리트 장군은 이승만 박사에 대하여, "위대한 애국자, 강한 지도자, 강철 같은 사나이, 카리스마적인 성격의 소유자로 자기 체중만큼의 다이아몬드의 가치를 지닌 인물이다"라고 격찬을 아끼지 않았고, 그의 후임인 맥스웰 테일러 장군은 소문난 지장이었는데 "한국의 이승만 대통령 같은 지도자가 베트남에도 있었다면, 베트남은 공산군에게 패하지 않았을 것이다"라고 말했다.

이박사의 방미는 결국 Alger Hiss의 공작을 넘어서 미국이 부지부식간에 소홀히 하고 있던 한국 문제를 마아샬 국무장관이 직접 U.N.에 상정하는 계기가 되었다. 사실 이승만 박사는 종북파들에 의해 독재자로 폄하되었으나 그는 독재자가 아니었다. 그리고 또 이박사의 방미로 한국은 4~6억불의 미국 원조를 받는 계기가 되기도 하였다. 이 원조의 조건은 남북이 통일되는 경우에는 북한과 함께 사용할 수도 있고, 그렇지 않은 경우에는 남쪽이 단독으로 사용할 수 있는 조건이었다. 또 행정상 이박사의 항의를 서류로 확인하기 위하여 미 국무성은 서류를 필요로 하였으므로 국무성이 남한의 하지 중장으로부터 행정보고를 직접 받기로 결정을 했다. 한국에 제공한 4~6억불의 원조는 U.N.통일 정부안이 통과되는 경우, 선거를 비롯한 제반 비용을 위한 것으로 추정된다.

아마도 마아샬 국무장관은 자신이 U.N.에 한국 문제를 상정하면, 한국의 독립은 거의 확정되지 않을 수 없으며, 또 잘하면 북한도 자국의 독립의 문제임으로 U.N.통일안에 참여할 수도 있다는 점을 고려했던 것 같다. 이렇게 사려 깊은 마아샬 장관은 미국이 본의 아니게 소홀히 하고 있던 한국 문제를 해결하기 시작했다. 이런 이박사의 방미는 결국 Alger Hiss의 공작을 넘어서 한국 문제를 마아샬 국무장관이 직접 U.N.에 상정하는 계기가 되었다. 그러나 공산주의자들이 얼마나 무모한 자들인지를 당시에는 미국인들이 잘 모르고 있던 것 같다.

그 후에 Alger Hiss는 위에서 말한 대로 소련의 첩자로 의심을 받아서 국회 청문회에 나가 그의 행동에 대한 질의를 받게 되었으나, 미국의 증거주의 법체제에서 요구하는 'the evidence beyond the reasonable doubt'라는 증거를 필요로 한 덕분으로 간첩죄로 기소되지는 않았으나, 위증이 있었으므로 2년간의 옥살이를 해야 했다. 그리고 그는 당시에 트루만 정권의 국무성 고문으로 있던 J. F. Dulles의 주선으로 어떤 New Deal기관으로 직장을 옮긴 것으로 알려졌다. 그에 대한 미국 정부의 관대한 처리는 또한 미국 사회의 너그러움이었다. 물론 이런 사건이 트루만 대통령의 재선에 유익할 것은 전혀 없었던 사실도 고려되었던 것 같다.

이박사는 우리 문제는 우리가 처리해야 한다는 독립정신을 발휘하여 임영신 여사와 임병직씨를 U.N.에 파송했으나 회원이 아니면 안건을 상정할 권리가 없어서 조선이 독립적으로 U.N.에 상정하려면 다른 회원국을 통하여 상정해야 했는데, 마아샬 장관이 직접 상정해주어 다행이었다.

현재 세계를 이끌어 가는 세력이 미국이 아니고, 러시아, 중공 또는 영국이나 일본이라고 생각해 보라. 지금 우리가 누리는 자유와 원조의 혜택을 누릴 수 있었겠는지를, 아버지가 싫어도 가정에는 아버지가 있어야 하는 것처럼, 세계를 이끌어 가는 나라는 어떤 형태로건 간에 있어야 한다면, 어째서 미국이 그 역할을 감당해 주는 것을 다행으로 생각할 수 없는지 참으로 이해가 안 된다.

이박사는 다만 우리의 불편함만을 호소했다. 하지 중장의 한국 독립을 위한 노력이 소극적이어서 우리는 큰 고통을 겪고 있으니, 애초에 Cairo회담의 결정으로 돌아가야 한다는 사실을 미국 안에서 상기시켜서 여론화하는 선에서 이박사는 그의 활동을 자제했다.

밴프리트 장군, 테일러 장군, 닉슨 대통령 등이 이승만 대통령을 위에 기록한 바와 같이 평가했다면, 우리가 이대통령을 독재자로 평가하는 것이 옳은지 다시 한 번 생각해보아야 하는 문제인 것 같다.

7

대한민국의 사명과 하나님의 훈육

1943년에 Italia가 항복한 후, 이집트의 수도 Cairo에서 연합군의 수뇌들이 모여서 전후관리를 의논하는 회담을 하였다. 거기에서 한국의 독립뿐 아니라 또 이스라엘의 독립에 대하여도 의논되어 있었다. 이스라엘 백성이 전 세계로 흐터져 diaspora의 생활을 하다가 약 2,000년 후에 약속대로 자기 나라 땅에 돌아와 1948년 5월 14일에 독립을 했는데, 우리도 같은 해의 8월 15일에 독립을 했다. 아무래도 이것은 우연이 아닌 것 같았다. 그런데 우리나라의 사명이 그들을 시기케 하여 예수님께로 인도하는 일임을 나는 1997년에 이미 알게 되었다.

그때는 일반적으로 미국인들은 공산주의의 반대가 자본주의라고 생각하는 때였다. 그러나 지금은 공산주의도 국가에서 투자하여 그 과실을 얻는다고 하여 State Capitalism이라고 한다. 그 다음에 공산주의의 경제체제와 구별하기 위하여 Free Market System이라는 말도 나왔다. 그러나 사실 공산주의는 유물론적 무신론 사상을 믿기 때문에 그에 반대되는 사상은 곧 성경에 기록되어 있는 사상이다. 곧 그리스도교 신자의 영적 사상이다. 공산당들이 그리스도인들을 까닭 없이 미워하는 이유가 여기에 있다. 그래서 그들은 도처에서 그리스도인들을 박해한다. 따라서 공산당이 가는 곳에는 그리스도인들의 죽음이 따라 다닌다. 그러므로 공산주의 사상을 가진 자들 뒤에는 언제나 여호와 하나님을 까닭 없이 미워하는 악마의 집단이 자신도 모르게 집결해 있다. 그래서 '철의 장막' 또는 '그 악마의 제국'이라는 말이 사용되는 것이다.

한국의 정부수립이 지연된 사실의 영적 이유는 영적으로는 바로 공산주의자들의 반대로 인한 것이라고 말하면 맞는다. 따라서 대한민국 정부의 수립 과정은 곧 악마라는 큰 적과 싸우는 과정이었다. 공산주의자들의 대부분도 공산주의 사상에 매혹된 것으로 생각하지 악마를 택했다고 생각하지 않지만, 사실은 그들이 자신도 모르게 악마에게 속은 것이다. 공산주의는 처음부터 끝까지 모두 철저하게 육적이다. 육적인 것은 사람에게 기쁨이 아니라 즐거움을 준다. 그래서 그들은 결여된 영적인 부분, 곧 좋은 모든 것들을 보강하기 위하여 적반하장의 거짓말이 필요하며 거짓말을 할 수밖에 없다.

모택동의 장정도 한국에서 일어난 동학난과 비슷한 것이며, 다만 모택동은 이것을 순리적으로 혹은 사필귀정에 맞게 해결하지 못하고, 농민을 속이기 위해 폭력을 일시 자제하며 농민의 불평을 잘 이용한 것이다. 중국은 나라가 큼으로 한국에 동학난보다 좀 늦게 일어난 환난이었을 뿐이다. 1918년에 있었던 소련의 볼쉐비키 혁명도 마찬가지이다.

공산주의의 창시자들 Karl Marx와 Engels가 이상히 생각한 것은, 그들은 공업화된 나라에 대한 말을 했는데 모두 농업국에서 혁명이 일어났다는 것이다. 사실은 공업국보다 농업국의 사람들이 더 어리석어서 쉽게 속기 때문에 농업국에서 공산 혁명이 먼저 일어난 것이었다. 그리고 북한에서 인민들을 관리하는 집사들은 남한의 재벌들 보다 더 호의호식을 한다고 한다. 그러나 그들은 이런 체제에 반기를 드는 사람은 독재자의 명령에 따라, 아무런 법적 절차도 없이 총살할 수 있는 권한이 있는 악질적인 체제이다.

이를테면, 최근에 북한 경제를 활성화하기 위해서 화폐개혁을 실시했으나 이 개혁이 실패하여 나라의 경제는 더욱 어려워졌다. 개혁을 명한 자는 김정일이다. 그러나 그는 그에 대한 책임을 지지 않고, 그의 명령에 따라 시행한 애꾸진 사람을 공개적으로 총살을 해버렸다.

어째서 김정일이가 책임을 지고 물러서지 않고 명령을 받아 시행한 자가 총살을 당해야 했나? 모두들 의아하게 생각하나 이것이 북한의 실정이며, 이에 대하여 아무도 항의를 못 한다. 또 한 가지 알아야 할 것은 그들 '인민'이라는 용어를 사용하나, 이들은 사실상 그 독재자의 노예들일 뿐이다. 북한에는 '노예'가 있을 뿐이며 '인민'은 없다.

그들은 부자들의 땅을 임의로 빼앗아서 임의로 나누어주는 속임수를 쓴다. 그들의 사고에는 온갖 괴리와 무법이 판을 치며 하나님이 안 계시는 잔인한 사상이 난무하고 있다. 그들이 가는 곳에는 온갖 괴리와 무법에 의한 파괴와 가난밖에 따르지 않는다. 소련, 중공, 북한, 베트남 등은 이 사실을 역사적으로 증명하고 있으니, 이제 와서는 공산주의의 정체는 분명해졌다.

요한복음 10:10에 **"내가 온 것은 양들이 생명을 얻고, 더 얻어 풍성하게 하려고 왔다"** 고 말씀하셨다. 하나님의 축복이 있는 곳에는 풍요로움이 따른다. 이것은 성경의 말씀이다. 곧 여호와 하나님의 말씀이다. 이 사실은 미국의 실용주의 철학을 통하여 미국의 역사 안에서 증명되었다. 미국의 실용주의 철학도 성경 말씀으로 시작되었다. 실용주의의 기본 사상은 **"좋은 나무에서 좋은 열매가 열린다"**고 한 성경 말씀이다. 베푸는 실용주의 시대에 빼앗아 먹는 공상주의를 주장하는 것은 알기 쉽게 시대착오적인 사고이다.

공산주의의 시작은 벌써 160년 전의 낡은 19세기 중엽이며, 역사적으로 소련, 중공, 북한, 베트남 등에서 거듭 실패한 사상이다. 그들은 물질의 양이 한정되어 있다고 생각하기 때문에 남의 것을 빼앗지 않고는 풍요함을 얻을 수 없다고 생각하기 때문에 남의 것을 빼앗으며 강도의 심뽀를 갖는다. 그러나 우주를 창조하신 하나님은 그가 물질을 얼마든지 창조하실 수 있으므로 그의 축복으로 부유해질 수가 있다고 믿어야 한다. 부는 하나님의 능력으로 창출 됨을 믿으면 부요한 나라가 된다.

성경은 악마는 처음부터 거짓말쟁이이며, 그는 한 번도 정의편에 서 본 일이 없다고 했다. 공산당은 적반하장의 거짓말을 하는 자들이며, 그들은 한 번도 정의편에 서본 일이 없다는 것은 그들이 한번도 진실한 말을 한 적이 없으며 또 할 수도 없다는 말이다. 그들은 적반하장의 거짓을 정의를 위해 싸우는 도구라고 합리화하나, 그들은 항상 불의를 행하며 그것을 기뻐한다.

공산주의는 마치 경제 체제를 재정립한 사상으로 비치게 하는 데, 이것 또한 적반하장적 속임수이다. 그들은 시작부터 끝까지 적반하장의 거짓말로 포장되어 있다. 레닌과 스탈린의 공산정권이 그랬고, 중공의 모택동 정권이 그랬고, 북한의 김성주(일성)의 정권도 적반하장의 거짓말로 포장되어 있다. 그들의 적반하장의 거짓말은 언제나 좋은 것을 바라게 한다. 그리고 그들은 모든 좋은 것들을 약속하나 그것은 거짓으로 끝나게 되어 있다. 왜냐하면, 좋은 것은 하나님으로부터 오는 것인데 그들은 하나님을 믿지 않으므로 그 좋은 축복들을 받을 수가 없으니 적반하장의 거짓이 되고 만다.

'사필귀정(事必歸正)'이라는 사자성구가 있다. 여기에서 '정'이 가리키는 것은 여호와 하나님이 만드신 '정'이다. '부정'은 옳지 않은 것인데 어디서 왔을까? 그것은 무신론자들이 '정'을 거부함으로써 생긴 것이다. 그러므로 '부정'은 하나님께서 만드신 것이 아니며 무신론적 유물사상을 가진 자들이 만들었다.

오늘날에 와서 돌이켜 보면, 공산당의 토지개혁은 강도의 사상이다. 지주들이 욕심을 부려 소작인에게 터무니 없는 소작료를 지불하고, 또 지주들의 세력으로 그것을 개정할 수 있는 방법이 거의 없어졌다 해도 그것을 몰수하는 것은 '사필귀정'에 어긋난다. 그 땅을 몰수할 힘이 있으면 소작료를 올려주면 된다. 몰수하여 무상으로 분배하는 방법은 강도의 심뽀에서 나온 것이지 정직한 사람의 마음가짐은 아니다. 그렇게 할 힘이 있다면 그 힘을 올바로 사용하여 소작료를 올리도록 할 수 있다.

하지 중장이 남한에서 바로 군정 때에 그런 방법으로 소작료를 올려준 일이 있다. 이렇게 권력을 선하게 사용하면 된다. 또 이승만 박사가 조봉암 농림부장관과 함께 한 것은 사리에 맞고, 또 '사필귀정'이 되는 근본적인 토지개혁을 하면 된다.

어째서 강도질을 해서 나누어 줌으로써 그들을 모두 도둑놈들을 만드는고? 그래서 모든 사람 마음에 강도의 심뽀를 심어주는고? 빼앗아 준 사람이나 받은 사람이 모두 강도가 되어 버리지 않느냐? 어째서 북한이 이 좋은 21세기에 연 일백만, 이백만, 삼백만씩 굶어 죽는고? 그들이 1945년에 공산당과 함께 도둑질한 데 대한 업보가 아니겠는고? 사회의 일원들이 모두 강도의 심뽀를 가졌으니, 그 사회가 올바로 성장하겠는고? 서로 도둑놈처럼 일 안하고 먹으려 들겠지! 그만해라, 강도질일랑 말아라! 그런데 홍명희는 이런 강도의 심뽀를 정당화 하는 소설 '임꺽정'을 써서 순박한 조선인들에게 강도의 심뽀를 심어주는 데 성공했다. '악'은 '선'보다 잘 전염되기 때문이다. 그러나 참고로 이승만 박사가 조봉암 농림부장관을 데리고 한 모범적인 농지개혁을 비교하면, 다른 정당한 농지개혁 방법이 있음을 알 수 있게 한다. 곧 사필귀정에 맞는 농지개혁이 있다.

세상에는 '임꺽정'과 비슷해 보이는 책들이 있다. 영국의 'Robin Hood'라는 책은 왕권을 위한 의인을 기록한 것이지, 의로운 왕권을 타도하려는 파괴적인 책이 아니다. 또 일본의 '철가면'이라는 책도 있다. 이것도 그 이름이 암시하는 대로 철판의 가면을 쓴 도둑이라는 말이다. 얼굴에 철판을 깔고 도둑질을 하는 파렴치한 놈이라는 말이다. 그 책들은 '임꺽정'과 같이 도둑놈을 영웅시 한 책이 아니다.

그러나 북한은 김일성 장군의 이름을 도용한 김성주 소련군 정보 대위를 주석으로 하고, 임꺽정의 강도의 심뽀는 순박한 조선인들에게 주입시킨 홍명희를 문화예술상으로 앉히고, 또 김성주의 처남인 강양욱 목사로 하여금 지혜로운 하나님의 방법으로 조직된 북한 체제는 그들 보기에 상당한 힘을 가진 하나님의 세력에 대항하는 공격부대로 보였다.

김성주, 강양욱 목사, 홍명희, 박헌영 등은 자신들이 공산주의를 선택한 이유가 그것이 정당한 것이라고 생각하여 택한 것이었겠지만, 사실은 그들이 성경에 대한 지식이 천박하여 모두 악마에게 속은 것이었다. 그리고 그들 안에는 당시에 그런 악마에게 속을 만한 악이 도사리고 있었다. 조선인들은 일본의 착취를 당하여 가난해져서 도둑의 심뽀가 싹트고 있었던가 아니면 집에서 이유없는 천대를 받은 상처, 또는 부정한 영웅심도 한 몫을 했다.

8

당신의 약속 말씀을 꼭 지키시는 여호와 하나님

성지에서 살던 이스라엘인들은 135년의 Achiva의 반란 이후 로마에 의하여 쫓겨나서 전 세계로 흩어져서 Diaspora의 생활을 시작한 지 약 2,000년만에 성지로 돌아와 Cairo회담에서 결정된 대로 세계 제2차 대전 후에 1948년 5월 14일에 독립을 했다. 이것은 약 4,000년 전에 여호와 하나님께서 야곱이 이스라엘의 시조가 되어 외삼촌 라반의 집으로 피난가는 길에서 꿈에 나타나셔서 **"네가 어디를 가든지 너를 지키며 너를 이끌어 이 땅으로 돌아오게 하리라. 내가 네게 허락한 것을 다 이루기까지 너를 떠나지 아니하리라 하신지라"**라고 하신 약속을 지키신 것이다. 물론 그들이 자기 땅에서 쫓겨난 것은 예수님이 오셨음에도 그들은 그를 메시아로 받아들이지 않은 죄에 대한 벌로 Diaspora가 시작된 것이었다.

그때는 2,000년이라는 세월이 얼마나 긴 세월인지를 아는가? 일본의 역사는 그때까지 통틀어 약 2,600여 년 정도 밖에 안 되었다. 공산주의는 무신론적 유물론이므로 그들의 반대되는 사상은 사실은 하나님의 사상인 성경의 사상이지 자본주의나 시장경제 체제가 아니다. 그래서 공산당이 있는 곳에는 유대인과 기독교인의 시체가 따른다.

그들은 선을 추구하는 기독교인들을 까닭없이 미워하고 죽인다. 북한의 아사를 돕는 미국인이나 한국인들도 기독교인들인데, 공산당은 그들을 고맙게 생각하기 보다는 오히려 그들에게 앙심을 먹고 그들을 죽인다.

모든 선한 것은 하나님께서 창조하셨는데 이 '선'과 싸우는 자가 바로 공산주의자들이다. 그들이 그리스도인들을 미워하는 이유는 명백하다. 그리스도인들은 하나님께서 말씀하신 계명을 실천하려고 하고, 그것은 곧 악마의 악을 보고 기뻐하는 성품을 거스르기 때문이다.

악마는 이스라엘이 국가로서 예수님을 영접하지 못한 죄를 자백하고 예수님이 재림하시도록 청해야지만 재림하겠다고 일찍이 약속하셨기 때문이다.

악마측에서 생각할 때, 아담과 하와가 악마의 꾐으로 선악과를 따먹은 죄를 범함으로 인하여 아담과 하와가 가지고 있던 이 세상을 다스리는 권한을 악마에게 빼앗겼는데, 만일에 이스라엘이 그리스도를 영접하여 그 죄를 용서받고 그들이 구하면 예수님께서 재림하시어 이 땅에 대한 권리를 악마로부터 빼앗을 것이기 때문에 악마는 그런 일이 일어나지 않도록 안간 힘을 다 쓸 것이다. 이것이 예수님께서 마태복음 23:37~39에 예레미야 22장의 말씀을 풀이하여 말씀하신 것이다.

"예루살렘아! 예루살렘아! 너희는 예언자들을 죽이고 너희에게 보낸 이들을 돌로 치는구나. 암탉이 병아리를 날개 아래 모으듯이,

내가 몇 번이나 너희를 모으려 하였더냐? 너의 성전은 하나님의 버림을 받아 황폐하리라. 너희가 너희 입으로 나를 찬양하여 나를 구하기까지, 너희는 정녕 나를 보지 못하리라!"

　대한민국은 이스라엘을 시기케 하여 그로 하여금 여호와의 일을 하도록 할 사명을 맡은 결정적인 나라이기 때문에 공산주의자들은 그렇게 결사적으로 대한민국의 순조로운 정부수립을 방해한 것이다. 그리고 이승만 박사는 그런 사명을 맡을 나라를 세울 분이기 때문에 공산당은 이승만 박사를 미워하였고 악선전을 한 것이었다.

　공산당에 속한 자들의 방해 공작 때문에 대한민국은 반세기가 넘도록 반쪽으로 살아왔다. 남쪽은 세계에서 굴지에 드는 부국이 되었지만 아직 분단의 아픔을 안고 산다. 해방된 지도 벌써 67여 년이 지난 오늘날에도 공산당이 지배한 북한은 김성주 소련 대위로부터 기와집에서 이밥에 불고기를 먹도록 해주겠다는 약속을 받았지만, 그 약속을 김정일, 또 그의 아들 정은 군도 못 지킬 것이다. 그들은 지금 일년에 수 백만 명씩 굶어 죽고 있다. 그들은 지금 이 시간에도 수 백만 명이 굶주린 배를 움켜쥐고 고통을 받고 있다. 그들의 소원은 남한 동포들의 도움뿐이다.

　이사야 41:25~27에 다음과 같이 기록되어 있다.

"내가 북쪽에서 한 사람을 일으켜, 내가 내 이름을 부르는 자를 동쪽에서 이르러 방백들을 회삼물이나 옹기장이의 진흙을 밟듯 할 것이다. 누가 있어, 감히 처음부터 우리가 알도록 이 일을 선포하였느냐? 누가 있어 이 일이 일어나기 전에 '그분은 의로운 분이다' 하고 고하였느냐? 그런 일을 선포한 자도 없었고, 아니 그런 말을 들은 자도 없었다. 내가 비로소 시온에게 이르기를 '너희는 보라!

그들을 보라!' 하였노라! '내가 기쁜 소식 전할 자를 예루살렘에 주리라!' 하였노라."

　너희부터 우리가 해방시키고 불고기에 이밥을 먹이면 좋겠다. 이것이 우리의 소원이다. 그런데 너희는 어째서 우리에 대하여 앙심을 먹고 적대시하는가?

　어떤 공산주의자 아내가 교회에 갔다 와서 기도하는 것이 보기 싫어서, 한 시간 기도하는 것보다 그 한 시간을 쌀 살 돈을 마련하기 위해 일하는 것이 낫다고 했다는데 그것이 정말일까? 그런데 왜 너희는 굶어죽고 있느냐? 대답을 해보아라! 왜 굶어 죽고 있는지 답해 보아라? 왜 그러는 것이냐? 우리와 함께 오손도손 하나님을 찬양하며 또 감사하면서 살자! 형제여, 우리 다 함께 살자! 죽음에 이르는 죄를 지었다 해도, 사랑이 풍부하신 하나님께서는 십자가상에서 우리 대신으로 죽으셨기 때문에 용서하신다. 예수님께서 당신의 오른쪽에서 죽은 강도에게 너는 오늘 나와 함께 낙원에 있으리라고 말씀하셨다. 스탈린이 유토피아를 약속해도 사람들은 믿었는데, 하물며 하나님께서 그분의 성경을 통하여 말씀하셨는데 어째서 못 믿느냐? 회개하고 용서를 청하면 이루어진다.

　이승만 박사는 제1차 미·소 공동 위원회에 반탁파의 대표로 나갔다가 그것이 아니라고 생각되어 이 문제를 U.N.안건으로 상정하기로 했다.

9 마아샬 국무장관의 한국문제 U.N.상정

이박사는 U.N.의 공정한 판단 아래, 한반도에 통일 정부를 세우는 안을 진행하고 있었다. 이박사는 이것을 '자율정부안'이라고 불렀다. 이 자율정부안이야 말로 U.N.이 마련한 통일 정부안이었는데도 불구하고 종북파 공산당들에 의하여 이박사의 단독정부 수립안으로 선전되었다.

이것은 또 하나의 공산당의 적반하장적 거짓말이었다. 북한이 오히려 1946년 6월에 신탁통치 없이 독자적인 정부를 세웠지만 바쁘게 준비하면서 U.N.의 통일 정부안을 남한의 단독 정부안이라고 적반하장의 거짓 선전을 하였다. 그들은 그렇게 역선전을 해야만 자신들이 먼저 단독 정부 수립의 계획으로 말미암은 분단이 아니라고 변명을 하기 위한 것을 목적으로 한 것 같다.

이런 것들은 사실 미국 행정부에서 벌써 U.N.에 한국문제를 상정했어야 하는 문제임을 깨닫고, 마아샬 국무장관은 직접 U.N.상정을 서두르게 되었다. 이박사는 한국문제에 관하여 전권을 가지고 있는 미국에게 그가 하고 있던 내용들을 당연히 알리고 있었을 것이다. U.N.의 한국통일 안은 먼저 운영 위원회에서의 소련측 반발로 치열한 반대를 무릅쓰고 통과되어, 총회에서 1947년 9월에 46표의 찬성과 6표의 기권으로 가결되었다.

그래서 U.N. 감시 하에 1948년 5월 10일에 국회의원 선거를 마쳤다. 이때 북한 인구별로 하여 100석의 국회의원을 북한분으로 배정하였으나, 그들은 아무런 정당한 이유도 없이 이를 거부하였다.

당시 서울에서는 일제시대에 사용하던 부민관이라는 극장을 국회의사당으로 사용하고 있었기 때문에 그들이 거부한 100석을 북한이 대한민국에 합해질 때까지 공석으로 남겨 둘 여유가 없었겠으나, 여의도에 새로운 대한민국의 국회의사당을 건축할 때는 마땅히 그들의 이유없는 거부를 기억하기 위하여 100석의 공석을 남겨 두어야 했다. 만일에 그렇지 못했다면 지금이라도 그렇게 해야 역사가 바로 잡힌다.

그리고 1948년 8월 15일에는 역사적인 대한민국 정부의 수립이 완성되었다. 이것은 이승만 박사의 1946년 12월 3일에 미국을 방문하여 한국은 Cairo회담에서 결정된 대로 독립을 해야 한다는 것을 미국민 안에서 여론을 일으킨 것이 큰 힘이 된 결과였다.

국회에서 선출된 이승만 대통령이 성경 위에 손을 얹고 하나님께서 성경에 말씀하신 대로 국가를 운영하겠다는 선서를 함으로써 자랑스러운 대한민국은 세계를 향하여 큰 행보를 내딛기 시작하였다. 그리고 우리나라는 2012년 런던 Olimpic에서 참가국 200여 국 중에 독일과 불란서를 제치고 당당히 미·중·소·영 다음의 세계 제5위에 올랐다. 2012년 9월 8일자 신문을 보니 국가 신용도도 한국이 일본을 앞질렀다.

이승만 대통령은 곧 장면 박사를 단장으로 하는 사절단을 U.N.으로 보내서 대한민국이 한반도의 유일한, 그리고 U.N.이 인정하는 합법 정부임을 인정받았다. 이 일을 마치고 벅찬 가슴을 안고 귀국하려던 장박사를 이승만 대통령은 만류하고 곧 Washington D.C.로 가서 대한민국의 대사관을 설립하라는 지시를 내렸다. 그래서 그는 그대로 순종하였다.

만일에 한국이 이승만 박사와 같이 국제 정세에 밝아서 소련의 고문단과 경쟁을 하여 앞서 나가지 않았더라면, 대한민국의 독립이 가능했을까 하는 생각이 들어서, 나는 당시에는 기독교 신자가 아니었지만 지금 하나님께 다시 한번 눈물로 감사를 드린다.

과연 하나님은 대한민국, 곧 이스라엘을 시기케 할 나라를 세울 이승만 박사를 돕고 계셨음을 새삼 깨달았다.

10

이승만 박사의 두 가지 고민

 본 장에서는 이승만 박사가 대한민국 정부수립 과정에서 겪은 두 가지 고민을 설명하려고 한다. 그중 하나는 헌법을 제정하는 과정에서 생긴 고민이다. 고려대학의 유진오 교수가 대한민국의 헌법 초안을 내각책임제로 잡았다.

 아마도 유진오 교수는 이승만 박사를 존경하여 독립 운동가로서 대접을 받을 상징적 대통령 자리에 앉게 하고, 실무는 당시에 한민당에서 막강한 세를 갖고 있던 김성수 옹이 총리직을 맡아 실무를 감당하게 하는 것이 적절하다고 생각했던 것 같다.

 이박사는 내각책임제는 영국과 같이 왕이 있을 때 민주주의를 실현하기 위해 만든 헌법이나, 우리나라에는 이미 왕이 없으므로 내각책임제보다는 삼권분립에 의한 대통령 책임제가 더 적절하다고 평가했다.

 유진오 교수는 그래도 내각책임제를 고집함으로, 이박사는 자신은 국회에 있는 것보다 차라리 대한민국의 장래를 위하여 청년운동을 하겠다고 자신의 심경을 토로했다. 이에 유진오 교수는 양보하여 대통령 책임제로 초안을 바꾸기로 했다.

그래서 이승만 박사는 유진오 교수가 작성한 대통령 책임제의 초안을 검토하였으나 마음에 안 들었다. 그 안에는 두 가지의 결점이 있었다. 그 하나는 대통령 책임제에서 대통령을 국회에서 선출하는 간선제로 하는 것은 이승만 박사의 안목으로는 상식에 벗어난 것이었다.

대통령 책임제 초안의 두 번째 결함은 개헌을 하면 그 조항은 그 임기에 있던 대통령에게는 적용될 수 없다는 조항이 없었다. 우리 첫 번 대통령 책임제 헌법에는 이 조항이 없었다. 유 교수는 헌법학자였다는 점을 감안할 때 이 조항이 처음부터 없었다고 생각하기는 어렵다. 그래서 필자는 이렇게 생각해 보았다. 원래 초안에는 그 조항이 있었는데 이박사는 왕권이 아닌 대통령 책임제에서 대통령을 간선제로 하는 것은 너무 약체 대통령 책임제이니 그 조항을 삭제하자는 counter offer를 했을 것이라는 추정을 했다.

1776년에 미국이 독립할 때는 왕국이 아닌 나라가 없었고, 미국이 처음으로 왕 대신에 대통령을 세우는 것이었으므로 많은 사람들은 왕이 없이도 나라가 세워질 수가 있는 것인가 하고 불안해 했다. 그래서 헌법을 대통령이 유능할 때는 왕권에 비견되는 권력을 행사할 수 있도록 대통령에게 권한을 대폭 부여한 헌법을 제정하였다.

대통령 책임제의 헌법에서 국회의 200여 명의 동의로 쉽게 대통령을 탄핵할 수 있는 약체 헌법을 만든다는 것은 우스운 일이었지만, 이박사는 오히려 이것을 수정하기 위해 강의를 해야 하는 입장을 벗어나서, 대신 개헌에 대한 조항을 삭제하자는 counter offer를 했을 개연성이 크다고 생각했다.

　이승만 박사는 박사 학위를 받았으니 학자라고 말할 수 있지만, 그는 학자형이기 보다는 오히려 카리스마를 갖고 있는 실용주의적 정치인이었다.

　이박사의 두 번째 고민은 대부분의 내국인들은 공산 세력에 대한 경각심이 부족한 것이었다. 이것은 또한 해외파와 국내파로 구분할 수도 있다. 외국에서 살다 온 분들은 일반적으로 공산당의 불안 조성에 더 민감하다. 국내파들은 박헌영으로부터 오랜 훈련을 받아서인지 공산당들이 조성하는 위법적인 실력행사에 대하여 비교적 좀더 익숙하여 안정되어 있었다. 이것은 국내 정치 현황을 보는 시각의 차이다. 이를 아는 이박사는 초대총리로 해외에서 살았기 때문에 공산당에 대한 시각이 그와 비슷한 이범석 장군을 임명하여 국회의 인준을 받았다.

　지난 약 3년 간의 군정시대를 통하여 보거나, 위조지폐사건, 살인 방화 교사 등의 실정법 위반 등을 볼 때, 공산당을 마땅히 이 땅에서 불법화 되어야 하는데, 하지 중장은 이를 소극적으로 다루고 있었다.

　해외파가 공산주의에 대한 경각심이 더 예민하고, 국내파는 하지 중장뿐 아니라 국내에서 활동하던 정치인들도 공산당의 활동과 소련 고문단의 자문으로 야기되고 있는 공산 세력의 남한 침투에 대한 경각심이 부족한 것을 느꼈다.

　대통령 책임제이지만 대통령을 국회에서 선출하는 약체 대통령 책임제이므로 국회는 대통령을 탄핵하려는 유혹을 많이 받았다. 심지어 6.25동란 때, 한강 철교 폭파를 이유로 대통령을 탄핵하려는 움직임 마저 있었다. 전쟁 중에 여러 가지 문제가 있던 중 가장 큰 논란을 일으킨 사건은 아마도 '거창사건'이라는 것이 있었다. 국군이 빨치산 때문에 양민을 학살했다는 사건이었다.

그러나 이박사가 본 대통령 책임제 헌법 초안은 대통령을 전국민의 투표에 의하여 직접 선출하는 것이 아니라 국회에서 대통령을 선출하는 제도였다. 대통령 책임제에서 대통령을 국회에서 선출한다는 것은 역사적으로 볼 때 잘 맞지 않았다. 대통령을 국회에서 비교적 쉽게 탄핵할 수 있는 제도였기 때문이다.

대통령 책임제에서는 대통령의 위치를 더 강화해야 할 터인데도 유교수는 이와는 정반대로 아주 약체의 대통령 책임제를 초안한 것이었다. 그래서 대한민국의 대통령 책임제는 대통령을 쉽게 대체할 수 있도록 만들어져서 매우 약한 대통령 책임제였고, 국회는 대통령의 통치에 도움이 되는 안을 창출하기보다 트집을 잡아서 탄핵을 하려는 불건전한 풍조가 지배하고 있었던 것이 어쩔 수 없는 사실이었다. 가령 처음에는 약체 대통령 책임제는 처음부터 국회는 대통령을 쫓아내려는 분위기가 흘렀다. 이것이 이승만 대통령이 안고 있던 큰 고민이었다.

다음에 이승만 대통령이 안고 있던 고민은 국내 정치 현황을 보는 시각의 차이이다. 해방 이후로 공작하고 공격하는 공산 세력에 대하여 이범석 장군은 이승만 대통령과 비슷한 견해를 가지고 있었던 것으로 추정된다.

사실 북한의 공산 세력은 간단없이 남한을 흡수통일하려는 계획을 세워서 공격하고 있었다. 군정 시대로부터 공산당은 이른바 실력행사를 통하여 살인, 방화, 교사 등을 서슴치 않았다. 그들은 실력행사를 통하여 공격하며 사회에 불안을 조장하고 있었다. 그리고 마침내 남노당은 정판사 위조지폐 사건을 일으키고 말았다. 대구의 공산당 봉기 사건, 여수 순천 군반란 사건, 국회 프락치 사건, 제주도의 4.3사건 등을 통하여 공산당은 실력행사를 자행했다. 그들은 간단없이 남한을 공작과 공격의 대상으로 보고 있었다. 이것은 해외파와 국내파로 분리할 수도 있다.

박헌영은 독일에 유학하여 공산주의를 배워서 조선에 들어와 항일 운동에 사용하였고, 이범석 장군은 중국 대륙으로 가서 항일군을 형성하여 일본군과 맞써 싸워서 청산리 전투에서 큰 개가를 올린 장군이었다. 두 사람이 모두 머리는 명석했으나 한 사람은 아첨꾼인 매국노였고, 이범석 장군은 애국자이며 공산주의의 본성을 경계하는 사람이었다.

이승만 대통령을 처음에 국무총리로 북한 민주당의 부당수였던 이윤영 목사를 택하였었으나 국회의 비준을 얻지 못하였다. 이대통령이 이윤영 목사를 선정한 이유는 북한을 빼놓지 않고 연계하려는 통일된 조선을 염두에 두었기 때문이었다. 그러나 불행하게도 그것이 부결되자 만주에서 항일전쟁을 하면서 청산리 싸움을 승리로 이끈 이범석 장군이었다. 그의 한국 현황을 보는 시각, 바꾸어 말하면 공산당에 대한 시각이 이승만 대통령과 비슷했던 것 같다. 그래서 그는 이범석 장군을 국무총리로 선정하여 국회의 인준을 받았다.

당시 이승만 대통령이 대한민국을 위하여 긴급하게 해야 할 일은 농민을 위한 농지개혁이었다. 그래서 이승만 대통령은 총리를 임명하기에 앞서, 김성수 옹 등 세 명에 대하여 그들은 더 중요한 일을 책임져야 하기 때문에 그들을 국무총리로 가장 자격을 지니고 있으나 그들은 더 중요한 일을 위해서 임명하지 않을 것을 천명했다. 사실 대통령으로서는 농지개혁이 가장 중요한 과제였으므로, 그것을 방해하지 않을 사람이며, 반공적인 인물이면 누구라도 상관이 없었던 것 같다.

　과연 그는 모든 지주들의 땅을 대한민국의 국채로 사들였고, 농민들은 자신이 경작하던 땅값을 매년 수확한 곡물을 팔아서 장기간에 걸쳐 지불하도록 하여 모범적인 농지 개혁을 했다. 그리고 또 이승만 대통령은 비영리 단체에 기증하는 토지에 대하여는 예외로 하였다. 이런 과감한 농지개혁은 실용주의적인 천재 정치인만이 할 수 있는 일이었다.

　이것은 그가 과감하게 국제 공산당원이던 조봉암 옹을 농림부장관으로 기용하여 이룩한 큰 개혁이었다. 또 이승만 대통령은 또 자기의 농지를 비영리 단체에 기증하는 경우에는 예외로 하였다. 이렇게 하여 토지에 묻혀 있던 모든 자금을 우리나라의 산업화에 기여하도록 하였다.

　대한민국이 앞으로 더 속히 수익율을 올리고, 분배를 더 평준화하기 위해서는 복지정책 쪽으로 가는 것이 아니라 철저한 미국식 자본주의 쪽으로 가며, 비영리 단체의 현대화를 필요로 한다.

　수익율을 높이기 위해서는 사회주의적으로 가는 것보다는 철저한 미국식 자본주의 형으로 나가야 한다. 그러나 분배의 평준화를 위해서는 많은 비영리 단체를 만들도록 장려하며, 세제 등을 개혁하여 미국보다 더 앞서 나가야 한다. 이렇게 하여 사회주의 국가들의 복지사회 못지 않는 사회를 이룩해 나갈 수 있다. 그래야 우리는 이스라엘을 시기케 할 나라로서 경제적으로도 이스라엘을 능가할 수 있다.

　우리가 이런 사회를 이룩하면, 많은 외국인들까지도 우리나라에 투자하게 될 것이며, 우리는 자연스럽게 부국이 된다. 이것이 또 우리 국민들도 자발적으로 자국에 투자하도록 만드는 방법이기도 하다.

지금은 우리 기업들이나 사람들이 외국으로 돈을 가지고 외국으로 나가기를 원한다. 있는 돈을 가지고 들어오는 이유는 한국에서는 탈세하기가 쉽기 때문이다. 그러나 합법적으로 가지고 들어오게 하는 방법을 말하면, 비영리 단체 조직법을 선진국화 할 뿐 아니라 한 걸음 더 나아가야 한다. 이를테면, 미국에서 회자되는 상속세의 면제 방법 등을 과감히 고려해야 한다.

공산주의자였던 노무현 대통령도 이런 말을 했다. "이승만 때의 완전한 독재시대, 암흑시대, 어둠컴컴한 시대로 생각했었는데 그때에 토지개혁 토지분배 등을 하였고, 지나고 보니 그것은 정말 획기적인 정책이었고 역사를 바꾼 사건이었다. 전쟁이 터지면서 그것으로 인해 국민이 하나로 뭉치면서 체제를 지켜냈다"라고 말했다.

세계 제2차 대전 이후에 미국은 엄청난 부국으로 변해 있었고, 소련은 지상천국을 목표로 공산혁명을 감행했으나 그 목표와는 달리 찌들게 가난한 독재국으로 변해 있었다. 미국은 패전국으로부터 손해배상을 받지 않고, 오히려 패전국들을 도와 폐허가 된 고국을 재건할 수 있도록 자금을 꾸어줄 수 있는 나라가 되어 있었다.

그러나 전후에 또 미국에서는 톨스토이와 도스토예브스키의 책들이 유행하여, 아마도 해가 지지 않는 영국을 이어나갈 나라는 소련이 아닌가 싶었다. 세계를 이끌 나라는 먼저 그 문학이 세계를 지배한다는 말이 있었기 때문이다.

그러나 그것은 소련이 아니고 같은 영어를 사용하는 나라인 미국이었다. 그래서 미국을 비난하기 위해 영국의 제국주의를 이어받았다고 하는 사람도 있었다. 그러나 미국을 잘 알면 미국을 제국주의적이라고 생각하는 멍텅구리는 없을 것이다.

우리는 식민세력이라고 하면 곧 일본의 착취만을 생각한다. 세계 제2차 대전 전에 '동경대지진'이라고 하여 동경에 큰 지진이 일어난 일이 있었는데, 그들은 조선인들 때문에 지진이 일어났다고 하며 동경에 살던 조선인들을 마구 잡아 죽였다.

영국의 식민지 통치는 이와는 좀 달랐던 것 같다. 물론 아편전쟁과 같은 잘못도 저질렀지만, 그들은 J. S. Mill의 나름대로의 공리주의 철학의 원칙이 있었다. 결국 기술을 가지고 있는 영국의 기술로 식민지의 자원을 일구어 최다수의 사람들이 혜택을 받도록 하자는 것인데, 우리의 생각으로는 그것은 '강자의 논리'에 지나지 않으며, 극히 위선적인 철학이다. 그러나 그들은 나름대로 미안하지만 좀 나누어 쓰자는 입장이므로 가혹한 인권 유린은 삼갔던 것 같다. 그래서 영국의 식민지였던 나라들을 세계 제2차 대전 이후에 영국의 Common Wealth 회원국으로 영입할 수 있었다.

그러나 미국은 영국과의 독립전쟁이 있었고, 나름대로의 실용주의 철학으로 부를 일구어낸 나라로서 나누어 주는 새로운 문화를 형성하고 있었다. 실용주의 철학을 간단히 설명하면 **'좋은 나무는 좋은 열매를 맺는다'**고 한 성경말씀을 표방하고 있는 철학이다. 그러니까 공산주의와 같이 영적인 부분을 무시하고, 물질주의로만 치닫는 어리석음이 아니었다. 위에서 말한 마아샬 Plan같은 것은 영국에는 없다. 미국에서 그것은 사실 순리적인 사상에서 비롯된 것이다. 또 미국에는 Emerson과 Thoreau와 같은 분들의 사상이 있었고, Logfellow가 빠졌버린 극히 인본주의적인 Unitarian Curch라는 이단 기독교도 있었다.

또 Gone with the Wind가 있었고, Cowboy와 Hill Billy 음악이 있었다. 또 Jazz 음악도 있다. 미국의 혁명도 불란서 혁명을 따라 자유, 평등, 박해를 부르짖었으나 미국에는 따로 '독립선언문'이 있었고, 역사적으로 서로 다르게 진전되었다.

불란서 혁명에서는 그 부르짖음이 더 인본주의적으로 진전되었고, 미국에서는 더 복음주의적으로 진전되었다. 전자의 자유는 주로 직업 선택의 자유에 초점을 맞추었지만, 미국의 자유는 요한복음 8장에 기록되어 있는 '죄'로부터의 자유가 진정한 자유라고 했다. 평등도 불란서에서는 법 앞에 평등을 강조한 데 반해, 미국에서는 하나님 앞에 평등하게 태어났다고 독립선언문은 말하고 있다. 그러면 많은 경우에 자연히 법 앞에서도 평등하게 된다.

미국에서는 독립 선언문에 기록되어 있는 대로 하나님 앞에서의 평등이 중요했다. 그러면 물론 법 앞에서도 평등해야 한다. 박애라는 말도 불란서에서는 형제애를 강조하였으나, 미국에서는 저절로 하나님의 agape의 사랑을 강조했다. 같은 못도의 혁명도 독립 선언문 때문에 이렇게 달라졌다.

하나님의 계획은 사학자 Toynbee의 말대로 이스라엘에서 시작하여 서쪽을 향해 돌기 시작하였다. 그리고 대서양 시대를 벗어나서 바야흐로 환태평양 시대로 옮겨졌다. 열 개의 경제블록의 개념으로 보면, 결국 동북아 블록 시대가 바야흐로 시작될 것을 암시하고 있다. 그렇다면 동북아의 맹주는 누구인지 알고 싶다. 준비를 해야 하기 때문이다. 그러나 이스라엘의 복음을 전할 나라를 기준으로 결정된다면 동북아의 맹주는 당연코 대한민국이다.

이사야 41:25~27에 보면 그 나라는 북쪽에서 일어나 동쪽에서 온다고 했다. 그럴 만한 나라는 대한민국 이외에는 없다. 중국이나 일본은 아직 복음 전파국이 아니다. 한국은 미국 다음으로 선교사를 많이 보내는 것으로 알려진 나라이다. 그리고 그들은 한자 때문에 문제가 많다. 모택동도 이 때문에 무척 고민을 했으나 해결은 기존의 상형문자인 한문을 간소화하는 데 그쳤다.

한글로는 앞으로 세계에 봉사할 수 있는 길이 얼마든지 있다. 대한민국은 아직 중진국으로 여겨지는데도 대한민국이 모든 사무능률에 있어 일본을 능가하게 되었다. 이것은 무역 일선에서 일하는 젊은이들의 증언이며, 일본과 한국을 거래하는 미국인들의 평이다.

2012년 8월 28일 현재 국가 신용도 무디스 지표는 일본과 동일했고, 9월 8일부터는 한국이 더 높다. 중진국인 대한민국이 문화면에서도 '한류'가 세계를 뒤흔들며 용솟음을 치고 있다. 이런 일련의 사태는 한글의 우수성에 기인한다. 미국 문화를 천박한 약탈문화로 여기며 앞으로 앞으로 전진해 나갈 나라는 대한민국 밖에 없다.

11

북한의 실력행사로서의 6.25전쟁 준비

이승만 대통령은 벌써 북괴의 남침을 염려하고 있었다. 북한은 U.N. 한반도 통일안을 저지하는 데에는 실패했으나, 6.25라는 실력행사를 위해 미·소군이 한반도에서 동시에 철군하도록 하는 데에는 소련 고문관들의 자문으로 대성공을 거둔 것이었다.

소련군은 북한에서 물러가야 하는 입장에 있었으나, 그들은 혼자 물러가지 않고 미군도 함께 물러가게 하면서 6.25동란이라는 불법행위로 실력행사를 할 준비에 바빴다.

제2차 미소 공동위원회가 60회 회담으로 끝났을 때, New York의 U.N.본부에서는 U.N.에 상정된 한국의 독립안이 통과되었다. 이때 소련 대표측은 서울에서 대기하고 있던 미소 공동 위원회의 속개를 요구하도록 하여, 1947년 9월 26일에 61회 본회의에서 소위 미소군 동시 철군안을 제안하게 하였다. 끝까지 그들은 평화적인 방법을 피하고 이른바 실력행사라는 폭행으로 일을 마무리 하려고 했다.

이것이 좌파의 근성이다. 올바른 것을 택하는 것이 곧 승리하는 것이 아니고, 자신의 악을 뿜어서 상대를 죽이는 것을 승리로 안다. 그들은 도둑의 마음을 가지고 있다. 홍명희의 도둑의 심뽀를 가지고 있다. 그것을 회개해야 한다. 김성주라는 자는 잘못을 회개해야 함에도 그것을 앙갚음으로 갚으려 한다. 그러면 세상에서는 잠시 승리를 할런지 몰라도 하나님의 나라에는 못 간다. 그의 아버지와 할아버지의 잘못은 곧 자신의 잘못이 아닌가?

하나님의 나라를 위하지 않고, 무력으로라도 자기가 육적으로 일시라도 승리하는 것만을 목적으로 생각한다. 하나님의 사람은 이런 자들을 회개시켜야 한다. 잘못을 가르쳐 주는 사람을 고맙게 생각하지 않고 오히려 그를 해친다. 잘못을 저지르는 사람 편에 서면, 그자와 같은 벌을 받게 되며, 대신에 예언자들의 편에 서면 그 예언자와 같은 상을 받게 된다는 말씀을 믿어야 한다. 회개하고 바로 서면 될 터인데 말이다. 회개하지 않으면 하나님께로 갈 수가 없는데 말이다.

공산당은 모든 일을 순리적으로 하려 하지 않고, 억지와 불법으로 하려고 하기 때문에 불법행위와 폭행은 이로 인하여 필연적으로 생기는 결과인 것 같다.

세계의 여러 나라들 중에 이스라엘에 대하여 가장 편견을 갖고 박해하는 나라는 소련과 불란서의 인본주의자들이라고 할 수 있다. 영국의 Churchil옹은 일찍이 소련을 'Iron Curtain'이라는 이름으로 불렀다. 미국의 Reagan 대통령은 좀더 노골적으로 'The Evil Empire'라는 이름으로 불렀다. 이것은 '그 악마의 제국'이라는 말이다.

스탈린은 신학교 출신이지만, 영적이기보다 세속적이어서 정치에 입문하여 신학교에서 배운 지식을 악용하여 출세하려는 야망에 찬 자였다. 소련의 지상낙원을 향한 볼쉐비키 혁명이 벌써 70년이나 되었을 때도 그들은 거지떼들이었고 남의 것을 빼앗으려는 도둑놈들이었다. 그래서 1992년에 소련은 붕괴되고 말았다. 그러면 그것으로 나무가 빈곤과 독재의 나쁜 열매만을 맺는 나쁜 나무임이 충분히 증명된 것이 아닌가?

독일이 폴란드를 통하여 소련을 침공할 때 소련은 강권 정치로 억압되었고 가난에 시달리고 있었다. 그리고 독일의 침공으로 소련이 멸망해 버리려는 위기에 놓여 있었다. 만일에 그때 영국과 미국이 도와주지 않았더라면 소련은 볼쉐비키 혁명에도 불구하고 온전한 항복과 멸망을 감수할 수밖에 없었다. 그 이유는 누구나 이해할 수 있는 간단한 이치이다. 그들은 하나님이 창조하신 우주 만물을 사용하면서도 그것에 대하여 감사하지 않고, 오히려 그분이 존재하지 않은 것으로 여겼기 때문이다. 하나님께서는 자비하셔서 지금이라도 회개하고 하나님께 감사를 드리는 사람들로 변하면 그들을 축복하시어 윤택한 생활을 할 조건을 주실 것이다.

스탈린은 이렇게 가난하고 가련한 상태에서 연합국들의 동정을 받으면서 1953년에 죽었고, 소련은 21세기까지 버티지를 못하고 1992년에 붕괴되고 말았다. 그들은 21세기인 오늘날까지도 아직 한국만치도 윤택하게 살지를 못한다. 그들뿐 아니라 중공도 오늘날까지 한국보다 후진으로 가난하게 살고 있다. 왜 그럴까? 그 이유는 그들은 오늘날까지도 창조주이신 여호와 하나님을 인정하지 않고, 그분의 축복을 받기 위해 기도하지 않기 때문이다. 그들은 엄연히 존재하는 영적인 것을 없다고 우기며 반쪽도 못 되는 것만 가지고 살았기 때문이다.

그들을 추종하던 중공과 북한마저도 해체되어 멸망의 길을 걸어가며 가난을 면치 못하고 있다. 그래서 우리 대한민국의 신탁통치를 자임하겠다던 소련과 중국도 지금까지 아직도 우리만한 국민 소득을 얻지 못하고 있다. 중국도 온전히 인권을 존중하는 하나님을 경외하는 나라로 변하기 전에는 부요하게 될 수가 없다.

지금 그들은 해체와 패망 일로를 걷고 있다. 중공도 예외는 아니다. 공산국이 윤택한 생활을 하거나 인권을 보호받는 사회를 형성한 예는 지구의 역사상 없었으며 앞으로도 없을 것이다. 패륜적 인본주의인 공산주의는 북한과 중공에서 패망을 볼 것이며, 패륜적 인본주의보다는 좀 인간성이 있어뵈는 인도주의도 결국은 러시아가 이스라엘을 침공할 때, 하나님의 직접적인 개입으로 패망하고 만다. 그 이유는 그때에는 하나님께서 지으시지 않은 것은 모두 흔들어 부수어 버리시겠다고 성경에 쓰여 있기 때문이다. 그리고 하나님의 말씀인 성경에 말씀은 지금까지도 모두 실현되어 왔으며, 그와 같이 앞으로도 실현될 것이기 때문이다.

히브리서 12:26~29에 이런 말씀이 쓰여 있다. **"그 때에는 그분의 음성이 땅을 뒤흔들었지만 이번에 나는 한번 더 내 음성으로 세상을 뒤흔들겠다. 이번에는 땅뿐 아니라 하늘까지도 뒤흔들겠다"** 하고 다짐하셨다.

이 '한번 더'라는 말은 피조물들을 흔들어 없애버리겠다는 뜻이며, 따라서 흔들리지 않는 것은 그대로 남아 있게 하시겠다는 뜻이다. 우리는 흔들리지 않는 나라를 차지할 것이니 감사를 드리고, 하나님께서 기뻐하시도록 경건한 마음과 두려워 하는 마음으로 하나님께 예배를 드려야 한다. 하나님은 태워버리시는 불이시다.

소련의 볼쉐비키 혁명은 74년만에 붕괴되었고, 소련인들은 지상낙원을 목표로 시작한 혁명 후에 한 번도 전 국민이 윤택하거나 자유로운 생활을 해본 적이 없다. 그들은 지금도 북한을 침공하여 들어온 소련군들처럼 미개한 야만인이 가득한 사회에서, 나치 독일이 폴란드를 통하여 소련을 침공한 때까지도 그들은 가난하기 짝이 없는 사회를 구성하고 가난에 시달리고 있었다. 그리고 독일의 침공으로 소련이 멸망해 버릴 위기에 처해 있었고, 만일에 그때 영국과 미국이 도와주지 않았더라면 소련은 그때 온전히 항복을 하고 멸망하고 말았을 것이다. 그들이 못 사는 것은 그들이 하나님의 축복을 거부하고 기도하지 않았기 때문이다.

소련을 추종하던 중공과 북한마저도 해체되어 멸망의 길을 걸어가며 가난을 면치 못하고 있다. 그래서 소련과 중국도 지금까지 아직도 우리만한 국민 소득을 얻어 풍요와 자유를 누리지 못하고 있다.

한국과 북한을 비교해 보라. 북한도 지금 해체와 패망의 길을 걷고 있다. 공산국이 윤택한 생활을 하거나 인권을 보호받는 사회를 형성한 예는 지구의 역사상 없었다. 하나님의 말씀인 성경 말씀은 지금까지도 모두 실현되어 왔으며, 그와 같이 앞으로도 실현될 것이며, 하나님이 만들지 않은 인본주의의 산물은 전부 멸망하고 말 것이다.

이런 문제를 설명하기 위하여 나는 지만원 박사의 '제주 4.3 반란 사건' 이라는 책에 쓴 그의 견해를 참고로 소개한다. 그의 말에 의하면, 북한 공산당은 해방 직후부터 지금까지 끊임 없는 남한 공략의 공작을 해왔다는 것이다. 그런데 우리가 느끼는 큼직큼직한 사건들만이 그들의 공작이라고 착각을 하고 있지만 사실은 그렇지 않다는 것이다.

이를테면 서울에서 있었던 정판사 사건 때의 공산당의 실력행사, 대구에서 있었던 대구 공산당 봉기 사건, 여수 순천의 군반란 사건, 제주도의 4.3사건, 국회 프락지 사건, KAL기 추락 사건, 아웅산 폭파 사건 등 큼직큼직한 사건들만이 그들이 계획한 사건들이며, 그런 사건들은 이미 해결되고 끝난 사건이라고 생각하나, 지만원 박사의 견해는 그런 큰 사건들은 간간이 들어나는 그들의 공작의 일부이며, 그들은 아직도 지리산 근처와 제주도를 그들의 해방구로 여기면서 부단한 공작을 계속하고 있다는 것이다.

나는 지만원 박사의 공산당에 대한 이런 견해는 맞는 것으로 생각한다. 공산당과의 싸움은 지속되고 있으며, 10년에 걸친 공산주의자 대통령 김대중과 노무현 시대를 지나면서 그들의 남한에서의 기반이 더욱 굳건해졌다.

그러니까 국회 프락지 사건뿐 아니라, 우리 국회 안에는 언제나 적색분자가 상주하고 있다고 보아야 한다. 6.25동란의 시작 때 대부분의 군인들이 외출 상태에 있었던 것, 제2국민병 사건, 거창사건 어느 하나 그들이 참견하지 않은 것이 없다고 보는 것이 정상이다.

그러므로 이승만 박사나 이범석 장군과 같은 분의 국내 상황을 보는 시각과 김성수 옹이나 장면 박사 같은 분들이 보는 시각에는 차이가 있다.

12

6.25전쟁

  괴뢰 김성주 일당은 스탈린의 방침에 따라 협상을 하려는 자세를 보이다가, 주일날인 1950년 6월 25일 새벽에 모든 국군 장병이 휴가를 나간 틈을 타, 소련에서 공급받은 최신형 대형 탱크를 앞세워 일제히 남침을 시작하였다. 장갑차와 칼빈총으로 무장한 국군은 소련제 최신 탱크를 앞세우고 따발총이라는 자동 기관 단총으로 무장한 괴뢰군의 진격을 막지 못하여 사흘 만에 중앙청의 태극기는 내려지고 인공기가 휘날리기 시작하였다.

  경무대에서는 비서관들의 간곡한 권유로 이승만 대통령은 간신히 서울을 빠져나가 대구로 향하고 있었다. 이박사는 기차간에서 곰곰이 생각을 했는데, 평생을 독립운동에 바쳤고, 드디어 대한민국을 세운 건국 대통령을 만드신 하나님, 그리고 그 동안에 베푸신 그 많은 은혜에 대하여 생각했다. 그분의 자비와 은혜에 대하여 감사하였다. 그런데 조금 쉴 사이도 없이 그는 침략자와 더불어 싸워야 하다니요 하면서 한시를 한 수 지어서 읊었다.

그러나 '이 어린 대한민국을 어쩌려고 그러시는 것입니까? 어째서 이렇게 서두르는 것입니까?' 하고 생각했다.

그가 누구인가? 동생 세종에게 왕위를 양보하고 야에 묻힌 양영대군의 후손이 아닌가? 유교 집안의 엄한 아버지 밑에서 자란 이승만은 금방 하나님의 뜻을 알아챘다. 그때서야 그는 새로운 용기를 느끼며 정신이 들었다. 조금 쉴 사이도 없이 곧 이어서 이 엄청난 시련을 허락하시는 은혜에 대하여 찬양과 감사를 드렸다.

하나님께서 그는 '당신의 말씀이 나의 발의 등불이며, 나의 길의 빛이라'고 하신 시편 119의 105절 말씀들을 기억했다. 당신의 말씀은 오직 나의 발과 길을 비추어 주실 뿐 목적지를 비추어 주지는 않으셨다고 이승만 대통령은 생각했다. 아마도, 지금의 이 고난은 그 목적지로 가는 길에 있어야 하는 시련이라는 생각이 번뜩였다. 이승만 대통령은 그 목표는 구체적으로는 몰랐으나, 자신이 해야 할 일은 그분의 등불로 그의 발등과 길을 비추어 주신 말씀은 대한민국은 공산당을 싸워야 할 적이며, 대한민국의 수립은 자신이 성취해야 할 임무임을 깨달았다. 그의 믿음에서 솟아오른 용기는 다시 살아났다.

그는 비서에게 맥아더 장군과의 통화를 부탁했다. 곧 맥아더 장군과의 전화가 연결되었다. 이박사는, "자네가 내 말을 조금만 명심하였더라면, 지금 이렇게까지 비참하지는 않았을 것일세!" 하고 침착한 어조로 말했다. 이것은 이박사가 누누이 맥아더 장군과 미 국무성과 백악관에 대고, 만일에 미군이 철수하면 북한은 기필코 남침을 감행할 것이라고 그가 한 경고를 상기시키는 말이었다.

이에 맥아더 장군은 "트루만 대통령께서도 즉각 격퇴하라는 명령이 있었습니다. 찾아뵙고 상세한 내용을 구체적으로 말씀드리겠습니다"하고 약간 흥분된 어조로 대답을 하며 이대통령을 방문하겠다고 요청했다. 이대통령은 "그럼, 내가 서울로 다시 올라갈 것이니 서울에서 만나세!" 하고 대답하니 "서울은 이미 함락되었고, 지금은 오산비행장으로 갈 수밖에 없으니 수원에서 만나 뵙기를 원합니다" 하고 그는 대답하여, 이대통령은 그를 수원에서 만나기로 하고 다시 수원으로 올라갔다.

오산비행장도 북한의 경비행기의 공격을 받고 약간의 긴장이 있었으나 아직은 괜찮았다. 맥아더 장군은 구체적으로 어떻게 격퇴하겠다는 전황을 보고한 다음에 그가 전투를 성공적으로 지휘하기 위하여 국군에 대한 통수권을 필요로 한다는 말을 했다.

이대통령은 소련군은 당연히 철수해야 하며, 북한군도 괴뢰이므로 그들도 압록강 밖으로 내쫓아야 한다고 강조했다. 북한이 괴뢰인 것은 대한민국이 한반도의 유일한 합법 정부라고 U.N.이 승인했기 때문이라고 했다.

이에 맥아더 장군은 반대할 이유가 없어서 "알았습니다" 하고 대답을 했다. 이박사는 맥아더 장군의 당연한 답을 듣고, "그래, 내가 이런 내용을 문서로 만들어 보내지!" 하고 대답했다. 국군 통수권을 임시로 허락하겠다는 의사표시를 했다.

그리고 맥아더 장군은 차제에 전선 시찰을 하겠다고 하며 이승만 대통령을 그의 전선 시찰로 초청했다. 맥아더 장군은 이박사와 함께 한강 남쪽에서 북을 향하여 포복 사격을 하고 있는 국군을 만나러 갔다. 그는 서울을 사흘 만에 내준 패잔병들이 어째서 북을 향하여 사격을 하고 있는지가 궁금했다.

맥아더 장군은 원래 본격적인 전쟁을 개시하기에 앞서 적진지를 위험할 정도의 저공비행을 하면서까지 살펴보는 습성이 있다고 한다. 그는 방한하여 이승만 대통령을 만나 뵙는 기회에 전선시찰도 함께 하기를 원하여 이대통령과 함께 한강 남쪽 최전선으로 나갔다.

남쪽 한강변 전선에서 북쪽을 향하여 총을 겨냥하여 쏘고 있는 한 사병을 맥아더 장군은 불러 일으켜, "자네는 지금 무엇을 필요로 하는가?" 하고 물었다, 그는 벌떡 일어나 경례를 붙이고는, "네, 총알이 필요합니다. 총알을 보내주시면, 저희가 싸우겠습니다!" 하고 대답을 했다. "그래, 내가 총알을 보내주지!" 하고 맥아더 장군은 힘주어 대답했다고 한다. 아마도 맥아더 장군은 사흘 만에 수도를 잃은 패잔병의 용기 있는 답변을 듣고, 또 그의 중천한 사기를 보고 정히 놀랐을 것이다.

나는 이 보도를 신문에서 읽고 놀랐다. 그는 기진맥진하여 사기는 땅에 떨어졌어야 맞는데 그는 어떻게 그런 용맹스러운 답을 할 수 있었을까? 하며 한참 골똘이 생각했다.

그리고 나는 이승만 대통령의 모범적인 농지개혁을 상기하지 않을 수 없었다. 이승만 대통령은 과연 그 천재적인 안목과 감각으로 대한민국이 건국 후에 무엇이 가장 필요한지 알고 있었다. 그때에 가장 유력했던 한민당의 김성수 옹을 포함한 세명에 대하여 그들은 가장 유력한 총리 후보들이지만, 그리고 두고 보면 알겠지만 그들은 더 중요한 일을 위해 양보해야 한다고 말하고는, 이윤영 목사를 택하였다가 인준이 되지 않아 다음에 이범석 장군을 지명하여 인준을 받았다. 이대통령을 이때 벌써 토지개혁이 대한민국에서 공산당을 물리치는 데 관건이 됨을 들여다 보고 있었다. 그래서 이대통령은 사실은 국무총리로는 이 토지개혁을 방해하지 않을 인물이면 우선된다고 생각했었을 것이다.

이것은 그가 지난 3년 동안의 군정에서 얻은 안목이다. 그것은 중국에서 귀국한 이범석 장군도 공산당에 관한 경계심은 이승만 대통령과 비슷했다. 대강도질을 해서 선심을 쓰는 공산당과는 다른 토지개혁을 생각하고 있었다. 강도질을 한 자와 도둑의 물건을 받고 기뻐한 자 모두가 다 강도가 되는 공산당의 방법이 아니라, 그분은 선한 정부의 힘으로 사필귀정에 맞는 농지개혁을 마음에 두고 있었다.

북한의 김성주 일당은 벌써부터 강도의 심뽀로 실력행사인 6.25전쟁을 계획하고 있었다. 정말로 뻔뻔스러운 도둑놈들이다. 이를 위해 이미 제60회 회담으로 결렬된 미소공동위원회를 1947년 9월 26일에 다시 소집하여 제61회 회담에서 미소 양군의 한반도로부터의 철수할 것을 이중으로 확인했다.

그리고 북한에서 돌아온 김구 선생이 신탁통치 반대라는 말이나 위조지폐를 만든 남노당을 불법화 하자는 말은 없고, 미소 양군이 동시에 철군해 달라는 등 마치 북한의 충실한 대변인 역할을 하는 것을 본 하지 중장은 그를 마치 죄인과도 같이 취급을 했다는 것이다.

물론 이런 표현은 종북파의 표현이지만, 하지 중장은 이박사가 미국에서 그를 신랄하게 비판을 하고 미 국무성이 그에게 직접 행정보고를 제출하도록 하니까 단순한 하지 중장이 자신에게 불이익이 올까봐 그랬을 것으로 보인다.

소련은 미국이 상정한 한국문제 U.N.안이 통과될 것을 알고, 남한에서의 미군 철수를 이중으로 확인하여, 북괴는 나름대로 실력행사로

6.25전쟁을 택한 것으로 볼 수 있다. 그러므로 지금 우리는 역사를 뒤돌아보면서 북괴는 이미 실력행사로 6.25전쟁을 택하여, 나름대로 남한에서의 미군이 철수할 것을 김구 선생을 통하여 다시 확인한 것으로 볼 수 있다.

애초에 상해 임시정부의 서울로의 입국이 늦어진 것도 미국이 상해 임정을 정상적인 임정이 아니라 암살 단체로 여기고 미군이 그들의 입국을 허락하지 않았기 때문이었다.

미국측은 이박사의 방미를 계기로 미국이 해야 할 일을 독일과의 전쟁에서의 혈맹인 소련 입장을 너무 돌봐주는 입장에서 남한에 대하여 소홀히 한 사실을 깨달았다. 그래서 미 국무성은 아마도 이승만 대통령의 항의를 사무적으로 확인하기 위하여 하지 중장으로 하여금 그때부터의 남한에 대한 행정 보고를 국무성에 직접 제출하도록 지시했다.

그 후부터 하지 중장의 태도는 급변했다. 하지 중장은 제2차 대전 때 급하게 진급한 용맹스러운 장군이었으나, 그는 국제 정치를 잘 몰랐다. 그는 정식으로 교육을 받지 못한 단순히 용맹스러운 군인이었다. 그래서 그는 그동안 공산 세력에 대한 이완된 행정이 훗날에라도 자신의 진급이나 신상에 해가 되지 않도록 정신을 차리는 와중이었다. 그래서 그는 아마도 후환이 없도록 북한에서 좌파의 물들어 왔다고 생각한 김구 선생을 갑자기 죄인 취급을 하며 제거해 버려야 되겠다고 생각했는지도 모른다.

위에서 말한 대로 마아샬 국무장관은 하지 중장의 보고를 받으며 이승만 대통령의 항의가 정당한 것임을 깨닫고 자신이 직접 한국문제를 U.N.에 상정했다. 소련의 신탁통치안도 적반하장의 거짓말이었다. 그들은 신탁통치 없이 북한 각처에 인민위원회를 설치하여 1946년 6월에 벌써 북한 괴뢰 정부를 세워서 한반도를 소련의 위성국화하려는 예정을 하고 있었기 때문이다.

(가) 장면 대사의 미국에서의 활약

한편, 장면 대사는 미국에서 트루만 대통령을 찾아가서 미군으로 하여금 괴뢰군을 격퇴시킬 것을 눈물로 호소했다. 그리고 곧바로 U.N.으로 올라가 U.N.의 경찰군을 한국으로 파송해 줄 것을 호소했다.

그는 하나님께서 보우하시는 대한민국의 최전선에 서 있었다. 그 결과로 무려 16개국이 한국전 파병에 응했으며, 스캔디나비아의 삼국은 병원선을 보내주기로 결정했다.

그리고 그는 미국 전역을 순방하며 공산군의 침략을 당한 대한민국을 도와달라고 호소하며 다녔다. 그는 북한측에서 보기에는 이대통령 다음으로 증오해야 하는 인물이었다. 마침 알고보니 장박사의 여동생 아그넷다 수녀는 아직 북한에 남아서 수녀원장을 지내고 있었다. 그는 일본 유학을 한 수녀로서 나라 잃은 슬픔을 안고 수녀가 된 애국적 수녀였다. 그래서 공산당은 그를 잡아다 죽여 버려서 아그넷다 수녀님은 순교하셨다.

그런데 장박사는 남한에서 대한민국을 위한 혁혁한 성과를 올리고 있는 것이 아닌가? 공산당은 장박사를 겨냥했다. 그를 살해하는 방법으로 B형 간염을 수혈하는 방법이었던 것 같다. 장박사가 몸이 피곤할 때 비서인 선우종원이는 의사인 자신의 형을 불러 진찰을 받도록 했다는 것이다. 그의 형은 장총리가 피로를 느낀 것은 피가 부족하여 그렇다고 하며 자신의 피를 수혈했다는 소문이다. 그런데 선우종원의 형은 B형 간염 환자였다는 것이다. 그래서 결국, 장박사는 B형 간염으로 돌아가셨다.

선우종원은 자기 형이 공산주의자라는 사실을 물론 알고 있었다. 또 한 가지 이상한 것은 선우종원의 4.19후의 행각이다. 4.19후에 정국은 결코 평안하지 않았다. 선우종원 비서는 당시에 장박사의 비서직을 그만두고 화폐공사의 사장으로 가 있었다. 그런데 하루는 선우종원이 장박사를 찾아와서 쿠데타의 소문을 알렸다. 그는 검사였고, 장박사를 오래 모신 비서였다.

그는 그때야말로 그의 검사로서의 능력을 발휘하여 장박사가 취할 일들을 대신 해주든지, 또는 장박사의 비서에게 그가 취해야 할 바를 가르쳐 주었어야 했지, 그 자리를 그냥 빠져나가야 할 입장은 아니었다. 그러나 그는 그대로 빠져나가 버린 것으로 책에 기록되어 있다. 그는 적절한 사람을 골라 그가 해야 할 바를 가르쳐 주었어야 하는 것이 상식인데 그는 그냥 소문만 전하고 빠져나갔다는 것이었다. 전 검사 출신 가톨릭 신자로서 또 장박사를 오래 동안 모신 비서실장으로서 있을 수 없는 일이었다.

장박사는 쿠데타의 소문이 있을 때마다 고작 참모총장인 장도영을 불러 물었다. 물론 장도영은 장박사를 배신하고 있었으므로 '저를 믿으십시오'라는 말로 땜질 할 수밖에 없었다.

(나) 장대사의 가족

장박사의 가족 중 맏아들과 맏딸은 해방 직후부터 미국 유학을 하는 대학생이었으며, 부인은 심장마비로 탈이 나서 6.25직전에 막내딸과 함께 미국에 가 있었다. 이미 중공군이 개입하여 1.4후퇴로 대부분의 서울 사람들이 부산으로 피난을 와 있던 때였다. 둘째부터 다섯째 아들들 4명은 행방불명이 되어 있었다.

장대사는 시간을 쪼개서 아들들을 찾으려고 일시 귀국하였었다. 부산에서 아들들을 찾고 보니 그중 둘째는 군에 입대할 적년자였다. 그때의 대한민국은 만일에 장대사가 아들 넷을 모두 도미시키는 것을 오히려 상식이었으나 장박사는 달랐다. 그는 남다른 의인이었다. 그래서 둘째는 군복무를 한 후에 미국으로 유학을 떠났다. 그의 이와 같은 순박한 마음이 오늘날의 번영하는 대한민국의 모퉁이돌이 된 것이었다.

(다) 장박사와 거창 사건

장박사는 정치가는 아니었다. 그가 정치인이 된 것도 해방 후에 미국 국무장관의 형인 주한 교황대사로 부임한 번즈 주교의 권유에 순종하여 국회에 출마했다고 한다. 이렇게 순종적인 분이 어떻게 이대통령과는 그렇게 끝까지 싸울 수 있었는지 내가 항상 의아하게 생각하고 있던 점이다. 그는 성품상 복음 전도자이며, 교육자였지 정치인은 아니었다.

장대사는 원래 어머니가 평양의 유명한 황씨 집안의 딸이었고, 평양교구에서 많은 봉사활동을 한 적이 있으므로 평양인들과 가까웠다. 그리고 선우종원 비서실장도 평양인이었으며 더욱이 가톨릭 신자였으므로 더욱 가까운 사이였다. 선우종원의 형은 의사였는데 공산주의자였으며 그는 남한에 왔다가 미국으로 가서 살았다고 한다.

갑자기 내가 이런 말을 하는 것은 혹시 선우종원은 공산당을 잡는 검사로 위장한 공산주의자 혹은 북괴의 간첩이었을 수도 있다고 생각하기 때문이다.

'거창 사건'이란 태백산맥 줄기에 있는 깊은 산속의 거창이라는 곳 빨치산들의 거처가 있는 곳에서 일어난 일이다. 그 지역을 담당하고 있던 연대는 백두산 호랑이라는 별명을 가진 김종원 대령이었다.

당시 이대통령이 입수한 정보에 의하면, 부산에 피난한 국회에서는 한민당 의원들이 주동이 되어 이 사건을 국군 민간인 학살 사건으로 정하고 국회의 조사단이 그 지역을 조사하러 나섰으나 김종원 대령은 그들에 대하여 경고 사격을 함으로써 그들의 접근을 금했다.

김종원 대령은 그 빨치산의 거처에서 빨치산들이 무엇을 하고 있는지를 탐색하려고 노력했으나 알기가 힘들었다. 그런데 이상한 것은 빨치산들은 마을에서 김종원 대령이 하는 일을 더 잘 알고 대응하는 것이었다. 김종원 대령은 이 사실을 이상히 여겨 반드시 민간인 중에 빨치산에 협조하는 자들이 있을 것으로 알고 민간인들을 심사하여 의심이 가는 자들을 깡촌에서 일일이 법 절차를 밟으면서 처리할 수가 없어서 연대장 자신이 시급한 대로 그 굴에 왔다갔다 한 사람들을 색출하여 묻고, 판단하여 처단한 것이 문제가 되었다.

국가의 사활을 결정하는 6.25전쟁 와중에 국회가 이대통령을 도와주어도 힘든데, 도대체 국회가 빨치산의 협조자로 의심받는 자들의 인권을 존중하지 않았다고 대통령 탄핵 논란을 벌이고 있으니, 객관적으로 볼 때 참으로 어불성설이 아닐 수 없었다.

국회에서 그 빨치산의 거처를 폭파해버리지 않은 사실을 탓하는 것이 아니라, 오히려 빨치산을 도왔다고 의심받는 사람을 처단한 것을 탓하여 대통령을 탄핵하자는 논의를 하고 있으니, 이 나라가 그 빨치산을 파송한 자들과 싸우고 있는 것인지 의심스럽다.

이 어려운 전쟁의 와중에 국회가 더욱이 깡촌에서 이런 법적 절차를 밟지 않고 처단했다고 하여 그 책임을 물어 대통령을 탄핵하고 장박사를 대통령으로 추대하려는 논의를 하는 것이 빨치산을 파송한 자들과 전쟁을 하고 있는 나라의 국회인지 의심이 간다.

이승만 대통령이 이런 정치를 한 것은 그 빨치산들도 한국인이므로 그들의 생명을 아끼는 마음으로 이런 일을 당하면서 지나갔다. 객관적으로 볼 때 이런 사실은 오히려 이대통령은 당시에 민주적인 방법으로 안정되게 통치를 하고 있었다는 반증이 된다. 대통령 탄핵을 몰아붙이는 그들도 대한민국의 국회의원인가 혹은 인민공화국의 국회의원인지가 의심된다.

이대통령이 얼마나 나라를 민주적으로 질서 있게 운영하였으면, 이 전시에 더욱이 빨치산을 보내는 자들과 전쟁하는 마당에 그런 사건이 문제가 될 수 있는가를 생각해보라. 한민당에는 사람이 없었나? 대통령께서 노인인데도 불철주야 전쟁으로 시달리는데 우리 의원들이 대통령을 도울 수 있는 방법은 없을까? 하고 염려하는 의원은 한 사람도 없었나? 차제에 우리는 직선제 대통령 책임제를 만들어 대통령의 위치를 강화해야 한다고 외친 의원은 한 사람도 없었나?

그래도 이대통령은 그들의 의견을 정보망을 통하여 경청하여 그들이 원하는 장대사를 소환하여 국무총리 자리에 앉게 해주며 국회와 타협을 하라고 했다. 총리의 비서실장은 역시 선우종원이었다. 그러나 선우종원 비서실장은 여기에서도 빨갱이가 좋아 할 일을 했다. 그는 한민당과 맞장구를 치면서 거창사건 수사에 박차를 가했다. 이런 그의 행위는 이대통령이나 이범석 장군의 안목으로 볼 때에는 이적행위가 아닐 수 없었다. 만일에 아니라면, 한민당의 위세와 금권력에 팔린 것일 수도 있다. 여하 간에 이대통령이나 이범석 장군 등의 안목, 곧 해외파의 안목으로는 비정상적인 광기로 보였다.

만일에 장대사가 대통령이 우리나라가 공산 괴뢰정권의 침략을 받은 현 시점에서, 전시에 국회가 대통령의 임무수행을 돕지는 못해도 오히려 공산 빨치산에게 협조한 혐의를 받는 자를 법원이 없는 깡촌에서 법 절차를 밟지 않고 급한대로 지휘관의 직권과 재량으로 판단하여 처단하는 것은 불가피한 일이며 불상사였다. 그러나 그런 일로 대통령을 탄핵 운운하는 것은 비상식적인 행동이었다.

만일에 이런 시점에서 새로 부임한 총리가 "전쟁의 와중에 대통령을 돕지는 못해도 이런 일을 하는 것은 옳은 일이 아니다"라고 단호히 말하며, 그런 일로 대통령의 탄핵 운운하는 것은 상식에 벗어난 일이라고 설명하며, 국회를 타일렀더라면, 국회도 그들의 부당한 탄핵 시도를 부끄럽게 생각했을 것으로 보인다.

그래서 이대통령은 하는 수없이 전시에 일어난 이 비상사태를 수습하기 위하여, 계엄령을 선포하고 국회를 해산시킨 후에 개헌을 하고 대통령 직선제인 새 정당, '자유당'을 출범시켰다.

이런 한국의 긴급 사태를 본 Churchill옹은 "한국에서 민주주의를 찾는다는 것은 쓰레기통에서 장미꽃을 찾으려는 것과 같다"고 평했다.

이대통령의 Churchill옹에 대한 응수는 이랬다. "그 늙은이가 아편전쟁이 끝난 줄을 아직 모르고 있구먼!" 나는 당시에 고등학교 학생으로 선진국 사람들을 덮어놓고 숭상하는 열등감에 사로잡혀 있었으므로 Churcill옹이 옳은 줄 알았으나 지금 생각하니, 이승만 대통령이 Princeton에서 Woodrow Wilson 총장의 지도를 받았으므로 이런 문제를 다루는데 있어서 더 앞서 있었다.

13

중공의 삼지창 정책(Three Prong Policy)과 미국의 탈환작전(RollFback Policy)

John F. Dulles는 공화당 당원이지만 전후 트루만 정권 국무성의 고문으로 4~7년 간을 일했고, 또 IKE 밑에서의 8년간의 국무장관을 지낸 전후 무려 13~15년 간의 미국 외교를 이끈 외교의 거장이다. 그리고 그는 이른바 탈환작전(Rollback Policy)을 세운 분이다.

한때 중공이 장개석 군에게 밀리다가 1949년에 들어와서 중공이 갑작스럽게 극적으로 중국 본토 전체를 점령하게 된 것은 정말로 의외의 사건이며, 장개석 군을 믿고 있던 미국으로서는 예상외의 사건이 아닐 수 없었다.

이 탈환 작전(Rollback Policy)은 결국 IKE의 부통령으로 있던 Nixon이 대통령이 되었을 때, 국무장관으로 있던 Kissinger에 의해 미국과 중공이 Poland의 수도 Warsaw에서 회담을 시작하였다. 어째서 Kissinger는 이런 회담을 아시아에서 열지 않고, 하필 Poland의 수도인 바르샤바에서 시작하였을까 하는 생각이 들지만, 이것은 아마도 유대인인 Kissinger의 안이었다.

사실 Kissinger는 스탈린이 불법적인 위성국을 만들기 시작한 것은, 유럽에서 Poland와 그 주변국들로 불법적으로 만드는 사실을 잘 알고 있었기 때문에, 중국만 탈환하는 것이 아니라 동 유럽 나라의 위성국들을 포함한다는 마음의 자세로 그렇게 했을 것이다.

그러니까, 베이징의 탈환은 제2차 세계대전 이후 Beijing 입성을 스탈린이 불법적인 도둑의 심뽀로 빼앗은 나라들을 탈환하는 첫 단계이며, 중국의 Kissinger의 마음의 자세를 나타낸 것이다.

곧 장개석의 실패를 만회하여 북경으로 입성한 것은 곧 미국의 탈환 작전의 제일회전이란는 말이다. 그 다음의 제2회전은 지난번 Honolulu APEC에서 Obama 대통령이 선포한 TPP 선언으로 개막된 셈이다. 이렇게 미국의 원대한 국제 정책을 창안한 John Foster Dulles가 어떤 인물인지를 알아두는 것이 오늘날의 국제 정세를 판단하는 데 중요하다.

Dulles는 미국의 공화당의 명문 집안에서 태어나서 Princeton대학에 입학하여 일년을 다닌 후에, 어떤 생각에서인지 그는 New York시 한 시립 대학에서 대학 공부를 마친 사람이다. 그의 가정은 전통적으로 장로교 집안이었으나, 그의 아들은 정치에 입문하지 않고 신부가 되기 위해 로마 가톨릭 신학대학에 들어갔다.

John F. Dulless는 미국 공화당의 거장이며, 그 집안에서 다섯명의 국무장관이 배출된 명문 집안 출신이다. 당시에 그의 친형은 Allen Dulles로 초대 미국 CIA국장으로 미국의 정보를 총괄하는 사람이었다. 아마도 당시에 Edgar Snow라는 미조리 주에서 나온 기자가 중국에 가서 장개석 총통의 부인인 송미령 여사의 소개를 받아서 모택동의 장정의 길을 따라 주은래와 모택동을 만난 얘기를 Red China라는 책에 담아서 출판하여 미국에서 대박을 터뜨린 일이 있었는데, 그후에 모택동의 인권유린을 옹호하는 책을 출판했다가 그에 대한 독자들의 비판을 이기지 못하여 스위스로 피해가 살다가 거기에서 생을 마쳤다고 한다. 모택동의 대장정이 포함된 대형극의 배후에는 당시의 미국 CIA가 개입했다는 소문도 만만치 않다.

J. F. Dulles의 큰 외교의 구상을 우리는 알고 또 배워야 한다. 그의 원대한 이른바 탈환 정책(Rollback Policy)은 그 중간에 8년 간의 Kennedy와 Johnson의 민주당 집권 공백을 지나면서도 살아남아서, IKE의 부통령을 지낸 Nixon이 다시 정권을 잡자 Kissinger를 국무장관으로 하여 Dulles장관의 탈환 정책(Rollback Policy)을 성공시키고 만다. 미국의 전후후무한 대장편 활극의 각본을 쓴 인물이다.

Nixon은 정권을 잡자 곧 Kissinger를 국무장관으로 기용하여 중국과 Poland의 수도 바르샤바에서 매년 이른바 '바르샤바 회담'을 열어 중국의 Beijing으로 입성할 회담을 열었다. 그것이 성공하자 Nixon 대통령은 필리핀에서 Nixon Doctrine을 선포하고 실행함으로써 소모전에 불과한 월남전에서 미군은 빠져나왔다.

Nixon Doctrine이란 어느 나라이건 자국의 영토를 수호할 의사가 없는 나라에게는 군사지원 중 무기 외에 인적 지원을 중단하겠다는 것이었다. 미국은 Vietnam전쟁의 목적을 완수하였으므로 더 이상 그 전쟁을 계속할 필요가 없으므로 호지명을 선멸하지 못하고 미국이 철수한다는 것이 월남인들에게 면목이 서지 않는 일이기 때문에 스스로 패전의 탈을 썼다. 사실은 미군이 정말로 월남에서 패전한 것이 아니다. 그런 시늉을 하면서 남아 있으면 살해당할 Vietnam사람들만 건져내고 철수했다.

　미국이 월남전에서 빠져나온 이유는 그들이 중공의 삼지창 정책을 완벽하게 막아냈으며, 바꾸어 말하면 중공이 한국을 점령하여 일본을 공산화하는 의도가 6.25한국 전쟁을 38선에서 다시 휴전함으로써 좌절되었고, 대만을 점령하여 중공을 명실공히 통일하려던 의도가 미국의 신무기 Sidewinder에 의하여 좌절되었고, 또 동남아의 공산화를 막음으로써 중공의 삼치장 정책을 막아냈으며, 월남을 공산화하여 이른바 Domino Game 논리로 동남아를 공산화하려던 목적도, 미국의 주도하에 형성되었던 SEATO, CENTO, ANZUS PACT 등의 강력한 반공 동맹으로 좌절되었고, 베이징에 입성하였으므로 Beijing으로의 Rollback도 완수하였으므로 미국으로서는 소모적인 월남전을 더 이상 지속할 필요가 없었던 것이다.

　사실은 Nixon은 Rollback만을 위해서 한 동안 전쟁을 지속하고 있었다. 그러나 Nixon과 Kissinger에 의하여 Beijing으로의 Rollback에 성공하자 Nixon은 위에 기술한 방법으로 월남전의 종지부를 찍었다.

　중국 본토로 Rollback을 해야 하는 J. F. Dulles의 중공을 대하는 태도도 비상했다. 그는 주은래도 참석한 어떤 외교관들의 연회장에 갔다. 중공의 주은래는 미국 국무장관에게 다가가서 손을 내밀며 악수를 청했다. Dulles 장관은 그의 손을 손등으로 밀며 악수를 거절했다. 그에게 모택동은 인구가 10억이 넘는 큰 감옥의 간수장에 지나지 않았으며 주은래는 그의 조수에 지나지 않았기 때문에 무의미한 형식적인 악수를 하지 않았다는 말이다. 그의 단호한 Rollback의 의지를 명백히 표명한 것이었으며, 너희가 감옥에 쳐 넣은 중국 인민들을 기어코 해방시키겠다는 의지의 표현이었다.

월남은 북한과 같이 중국에 대하여 사대를 하며 중국에 의지하지 않았다. 북한은 얼마나 중국을 의지하며 사실상 중국의 식민지가 되었다. 독립적이고 사대를 반대하는 나라에 한국의 학생들이 자랑스러운 대한민국의 군복무를 피하고 월남으로 봉사하러 가곤했다고 한다. 이런 사실은 월남인들이 생각할 때 얼마나 웃음거리였을까 하는 생각이 든다.

공산주의자들의 큰 오류는 인간의 작은 두뇌로 하나님의 능력을 정의한 시대착오적인 오류를 범한 사실이다. 그런 사상은 19세기 중엽의 지식으로 일구어낸 사상이며, 그것은 부당함으로 실패한 사상이다.

미국은 이런 위급한 시기에 대응 정책을 세우면서도 장기적인 안목으로 마음의 여유가 있었다. 무엇보다도 그들에게는 여호와 하나님을 배경으로 한 신념이 있었다. 우리도 머지않아 동북아의 맹주가 되어서 여호와 하나님을 기쁘게 하는 실용주의 철학을 바탕으로 하여, 확고한 신념이 있어야 한다.

이승만 대통령은 건국의 대통령으로서 그 자격이나 지식에 있어서 누구도 쫓아갈 사람이 없다. 그는 그 해박한 지식과 숭고한 인격으로 우리가 필요로 하는 것들의 기초를 모두 다져 놓았다. 내가 이승만 대통령을 존경하는 것은 그분은 당신이 잘 했다고 공치사를 하는 말을 들어본 적이 없으며, 다만 대통령으로서 성경 위에 손을 얹고 선서한 대로 해야 할 바를 했을 뿐이었다고 생각하시는 모양이다.

일인지하 만인지상이라는 옛 영의정의 입장에서 다만 일인을 왕 대신 여호와 하나님으로 바꾼 것뿐이었다.

14

동북아에서 공산당을 막아낸 영웅으로 이대통령 1954년 방미와 6.25 전쟁 후, 대한민국의 재건을 위한 미국의 경제원조에 얽힌 이야기

1953년에 6.25전쟁의 휴전협정이 이루어졌다. 그러나 대한민국은 그 휴전에 당사자가 아니었다. 휴전협정은 북한과 중공과 미국 간에 한 것이지 대한민국은 참여하지 않았다. 이승만 대통령은 미국이 논리에 맞지 않는 일을 하고 있다고 생각했다.

대한민국은 한반도의 유일한 합법 정부로 인정을 받았는데 한반도 북쪽에 소련의 부당한 침입으로 괴뢰정부가 들어와서 억지를 쓰고 있는데 무력으로라도 몰아내야 하는 것이 정상이나, 그것을 가지고 적(일본)전에서 싸우는 것은 전승국으로서 옹색한 짓으로 생각했다. 이런 입장에서 더욱이 그들이 먼저 전쟁을 시작했을 때에 그들을 한반도 밖으로 추방하는 것은 당연하고 이치에 맞는 일로 이승만 대통령은 생각했다.

사실 논리로 따지면 미국은 소련과 중공과 같은 후진국을 제2차 대전의 전우라고 하여 너무 너그럽게 대한 것이었다. 국제적인 논리를 훼손하면서까지 곧, 대한민국이 한반도의 유일한 합법 정부라는 U.N.의 결정을 무시하면서까지, 바꾸어 말하면 국제 기구의 권위까지 손상시키면서 어째서 소련의 무법적인 생떼를 옹호해 줄 필요가 있었는지 이해할 수 없었다.

물론, 미국은 미국대로의 어려운 문제가 있었지만, 한반도에서 대한민국이 당시에는 비록 약소국이라고 해도, 소련이나 북한이 미국과 함께 이승만 대통령의 논리를 받아들이고, 그의 노선을 택했어야 했다. 물론, 미국으로서는 제2차 대전은 끝났고, 중공의 이른바 본토 점령 후의 Three Prong Policy(삼지창 정책)라는 문제가 새로 대두한 시점에 있었던 것도 사실이나, 미국의 덜레스 장관은 위급한 상황에서 '힘의 논리'를 적용했다. 바꾸어 말하면 '힘의 논리'로 약소국인 대한민국을 무시하고, 그보다도 제2차 세계 대전의 전우인 소련과 중국을 중시한 대응을 했다. 물론, 미국의 당시의 상황을 이렇게 비판해 버리는 것이, 너무 가혹한 비난인지도 모른다. 그러나 대한민국이 그런 견해를 갖는 것은 당연한 것이다.

U.N.이 한반도의 유일한 합법정부로 정한 한국의 땅을 절반 이상을 전우라고 하여 침략하여 약탈하도록 내버려 두고, 또 그들이 나머지 남쪽을 침략하였는데도 그들을 한반도 밖으로 내쫓지 못하고 38선에서 당시에 휴전협정을 맺는다는 것을 이대통령은 도무지 이해할 수 없었으며, 이치에도 맞지 않는다고 생각했다. 그것은 미국의 큰 잘못이었다.

이승만 대통령은 학자이기 보다는 실용주의적인 카리스마를 가진 지혜로운 정치인이었다. 그래서 이런 약소국의 슬픔을 참으면서라도 미국의 도움을 받을 수밖에 없었다. 그러나 그는 정당한 항의를 하였고, 이런 정당한 항의를 대한민국의 국민이 존중하지 않으면 누가 하겠는가? 이를 그의 고집으로 치부하는 것은 천만부당한 일이며, 대한민국에 대한 모독이다.

전쟁의 확장은 미국 국민에게 결코 반가운 일이 아니었으며, 사실은 평화만을 갈망하는 미국인들에게는 더욱 그랬다. 다만 전쟁으로 미국의 생산능력이 확장되었다가 전쟁이 끝나므로 갑자기 소비가 줄어서 경제적 불황을 초래될 것을 염려하여. 이를 막아 줄 약간의 전쟁만을 미국은 필요로 하고 있었다.

Dulles 장관이 주시한 것은 긴 대전을 치른 후에 미국은 평안한 휴식을 필요로 한 사실이다. Dulles 장관은 마침내 대휴식의 기간을 IKE의 긴 8년 간의 집권 기간으로 잡았다. 이 기간은 미국이 동북아를 해방시키기 위한 재충전의 기간이었다. 인간사에는 언제나 재도약을 위한 재충전하는 휴식을 필요로 한다.

드디어 Dulles 미국 국무장관은 53년에 IKE와 실권 있는 국무장관이 되자 끈질기게 이대통령의 입장, 곧 그의 정당한 논리와 미국의 부당했던 사실을 설명했을 것이다. 당시에는 이미 트루만 대통령에 의해 대소 봉쇄정책이 선포된 이후여서 미국은 소련에 대하여 조심스레 대하고 있을 때이기도 했다.

이승만 대통령은 휴전협정에 조인하지 않은 것도 그의 아집이 아니라, 대한민국의 권리를 무참히 짓밟으면서까지 미국이 소련이라는 전우를 우대한 잘못에 대한 정당한 항의였음을 그들은 마침내 이해하게 되었다. 약소국인 한국을 너무 소홀히 다루었다. 이승만 대통령은 이에 대한 원칙에 맞는 항의를 하고 있다는 사실을 강대국인 미국이 인정한 것이다.

그러나 미국으로서는 중공의 삼지창 정책과 얽이어 문제가 그렇게 단순하지 않았다는 사실을 감안해도 미국은 강대국의 지도적 역할을 하는 나라로서 이대통령이 주장하는 정의를 지켜야 했지만 그렇게 하지 못 했었다. 그 이유는 아마도 Truman 대통령의 재선을 위한 것으로 짐작된다. 그래서 아마도 하나님께서는 미국을 이스라엘을 시기케 할 나라로 세우지 않고, 대한민국을 이스라엘을 거룩한 시기심을 불러일으킬 나라로 선정하셨는가 보다. 참으로 이승만 대통령의 원칙은 하나님께로부터 비롯된 것이며, 우리는 이를 자랑스럽게 생각해야 한다.

당시에 Time지는 간간히 6.25전쟁은 미국이 38선을 넘어서 올라가지 않는 전쟁임을 알리곤 하였다. 나는 그때 국제 정치를 이해하고 전망할 수 있는 능력이 없었기 때문에 미국이 어째서 이런 말을 반복하는지를 짐작도 할 수 없었다. 그러나 지금에 와서 보니, 미국은 누누이 이번 6.25전쟁으로 그칠 것이며, 결코 38선 이북이나 중공 본토를 겨냥하고 있지 않음을 중공에게 알리려고 한 것으로 보인다. 미국은 그러므로 중공군 30만이 만주에서 한국전에 개입하려고 한 사실은 알고 있었던 것으로 보인다.

그러나 인천 상륙 작전 후에 남한군이 파죽지세로 북진하는 것을 본 중공은 트루만 대통령이 맥아더 장군과 회동한 후 맥아더 장군을 파면할 때까지 그 신호를 믿지 않았다. 그러나 중공도 30만의 대군으로 남한을 석권하려는 계획이 버거운 일이라는 것을 깨닫고, 또 만일에 미국의 신호를 믿지 않으면 미 군부의 압력으로 차제에 미국은 중국 본토를 겨냥할 수도 있을 것을 감지하였으므로 여러 가지를 고려한 끝에 중공은 38선에서 휴전할 것을 결정했을 것으로 보인다. U.N.군이 북진할 것은 미국의 합참에서 10.1일 곧 인천 상륙 작전이 성공한 이후에 결정된 것으로 알려졌다.

중공의 삼지창 정책에 대하여, 미국이 원했던 것은 일본과 한국과 대만이 연합하여 반공 연맹 같은 것을 구성하도록 하기를 원했으나, 이승만 대통령은 이를 완강히 반대하였다. 그래서 한때 이승만 대통령은 미국 정책에 반기를 든 미운 오리로 미국의 제거의 대상이 되기도 했었다. 그래서 미 국무성에서는 '거창사건'을 기화로 이대통령을 제거할 수 있는 가능성에 대하여 8군 사령관인 밴프리트 장군에게 물어왔다.

밴프리트 장군은 즉시 일본 육사 출신인 이용문 장군과 김종오 장군과 회동하여 의논하면서 그들의 의견을 들었다. 당시 박정희 장군도 이용문 장군의 부관으로 그 자리에 참석했었다고 한다. 이용문 장군과 김종오 장군은 모두 전시에 있을 수 없는 일이라며 반대하였다.

미국의 속담에 '강을 건너면서 말을 갈아타지 말라!'는 말이 있다. 다행히 이대통령은 일본과 대만 없이도 동북아에서 홀로 공산당의 침략을 막아낼 수 있었다. 그래서 그는 동북아에서 공산당을 막아낸 영웅이 된 것이었다.

우리나라 대한민국 대통령 선거의 큰 쟁점은 바로 이런 문제여야 한다고 필자는 생각한다. 일찍이 부산의 미국문화원을 공격했다고 소문이 나 있는 박원순 시장과 그의 친구인 안철수 후보가 이런 구상을 했을 것 같지 않다. 노무현의 비서실장이었던 문후보가 그런 생각을 했을 것 같은가? 그렇다고 보수 후보인 박근혜 후보가 그런 문제를 구상하고 있을 것인지가 궁금하다. 이런 중요한 문제를 후보들이 미처 생각하지 못했다 해도, 우리 애국 국민이 그런 문제를 쟁점화 해야 한다. 안후보와 문후보는 공산주의자? 종북세력? 진보세력이므로 그런 문제를 쟁점화 할 자들이 아니다. 이들은 모두 진보가 아니라 종북에 더 가깝다. 그러나 대통령 후보 중에 이에 관한 문제를 쟁점화하는 사람은 아무도 없다.

중공은 벌써 자기 방어에 나섰다. 약 2년 전에 미국의 국방장관이 중국을 방문하여 일종의 책임추궁을 했다. 북한은 미국을 타격할 수 있는 핵탄두를 장착한 미사일을 5년 내에 만들 수 있게 되었는데 중국은 무엇을 하고 있었느냐 하고 책임을 물은 것이었다.

부시 대통령 때 미국은 대만이 독립을 하지 못하도록 하여 대만이 중공의 영토가 되도록 해주는 대신에 북한은 우리 측에 양보하겠다는 약속을 하고도 중공은 그렇게 하는 척만 하고 사실은 동북공정 운운하며 북한을 자국의 식민지로 만들고 있었다. 만일에 중공이 미국과 그런 약속을 하지 않았다면, 미국이 그런 책임을 추궁을 할 리가 없다.

이런 문제들은 복잡하고 중요하기 때문에 전 국민의 토론이 필요한 문제이다. 만일에 중공이 그런 것을 등한히 할 경우에는 미국은 이 문제를 미국 자신이 해결하겠다고 할 수도 있다는 자세이므로 문제는 심각하다. 또 소문이지만 미국에는 미국으로 발사하여 미국을 향하던 미사일이 방향을 바꾸어 그 미사일의 발사지로 돌아가게 하는 장치가 있다고 한다. 중공은 약속을 어기고 북한을 식민지화 하고 있다.

중공의 동북아 공정이라는 것은 봉건시대로 돌아가자는 말과도 같다. 그리고 미국은 한국의 서해안에서 군사훈련을 실행하기 시작하였고, 미국의 지원 하에 한국에 의한 흡수 통일이 임박한 것 같은 인상을 주었었다. 이런 경우의 방어책으로 그들의 이른바 동북아 공정을 들고 나온 것이다. 그것은 물론 그들이 북한과 맺은 제반 조약들, 이를테면 청진항의 30년 조차 협약 등을 살리려는 의도인 것 같다. 중공은 벌써 이렇게 나오는데 대한민국의 대통령 후보들, 바로 이런 중대한 문제가 제기되고 있는 때의 후보들은 어째서 조용하고 평안한가?

우리가 6.25전쟁 중에 북진통일을 하지 못했던 이유는 아래 설명할 두 가지 이유 때문인 것 같다. 그 한 가지는 Truman 대통령의 재선 야심 때문이었던 것이다. 맥아더 장군의 인천 상륙 작전 성공의 위세를 몰고 파죽지세로 북진을 계속하지 않을 수 없었지만 Truman 대통령은 북진을 직접 명하지 않고, 그 결정을 애초에 맥아더 장군의 인천상륙 작전을 반대했던 작전 참모 본부가 결정하도록 유도했다. 그것은 격렬한 전쟁이었던 4년 간의 제2차 세계 대전을 치른 미국 국민이 원하는 것이 확전이 아니라 이제는 조용한 평화와 휴식이기 때문이었다.

둘째로는 맥아더 장군의 정찰에 의하여 중공군이 무기 등을 신의주와 만주의 안동을 잇는 압록강의 큰 다리를 통하여 대거 이동하는 것을 알고, 맥아더 장군은 일본에 있는 공군으로 하여금 그 다리와 주변을 융단폭격 하도록 지령을 내렸으나, 그 지령을 받은 공군 사령관은 그것을 수행하지 않고 당시의 아치슨 국무장관에게 연락을 하고, 아치슨은 Truman 대통령에게 연락을 하였고, Truman 대통령은 다시 명령할 때까지 폭격을 보류하라고 명령을 내린 것이었다. 그러니까, 전투를 시작하려고 칼을 뽑은 장군의 기를 죽여 버리는 명령을 서스름 없이 내린 것이었다.

그는 맥아더 장군의 인천 상륙 작전의 성공을 반기는 분위기가 아니었다. 그는 그런 유능한 명장을 지휘하는 능력은 부족했던 것 같다. 물론, 그의 민의를 반영하려는 태도에는 잘못이 없다. 그는 확전을 막은 것 같다. 그러나 홍수 같은 중공군의 공격의 책임은 Truman에게 있었다. 그러나 맥아더 장군은 아무런 불평이나 변명을 하지 않고 묵묵히 물러났다. 이것이 거인 맥아더 장군의 발자취였다.

그러나 Truman의 재선을 위해서는 또 한 가지의 문제가 남아 있었다. 그것은 경제적인 것이었다. 세계 제2차 대전 중에 여자들까지 동원되어 많은 물품들이 생산되었기 때문에, 갑자기 정전이 이루어 지면 소모가 줄어 미국에 불황이 닥칠 염려가 있었다. 미국 사회는 이를 조절하기 위해서는 약간의 전쟁이 필요했을 뿐이며 확전이 아니었다. 그래서 아마도 Truman은 38선에서 휴전하는 정도의 전쟁은 필요로 했던 것 같다.

이런 당시의 분위기를 다른 말로 표현한다면, 맥아더 장군에게는 그가 이승만 대통령에게 한 약속을 지키면서도 확전을 피할 수 있는 계획이 있었으나, Truman 대통령에게는 이런 그림이 보이지 않았던 것이다. 이런 시점에서 Dulles는 미국인이었으므로 미국의 유익을 위해 안전한 길을 택하였다. 이것이 바로 이른바 여유 있는 Rollback Policy였다.

약소국인 대한민국은 억울했지만, 이대통령은 당시에 묵묵히 이 현실을 받아들였다. 이런 이승만 대통령의 유연성이 이승만 대통령의 위대함이다. 현실을 국익을 위해 접어두었다가 나중에 휴전협정에 조인하지 않음으로써 묵직하게 항의를 한 것이었다.

위에서 설명한 대로 바르샤바 회담을 성공시켜서 베이징에 입성할 무렵까지도 미국은 월남에서 승산 없는 소모전을 계속해야만 했다. 그것은 다만 중공을 자극하여 바르샤바로 유인하기 위한 것이었다.

이런 일들이 벌어지던 때는 이미 IKE가 정권을 잡고, J. F. Dulles

가 미 국무장관의 자리를 점하고 있을 때였다. 불란서는 계속하여 미국이 월남 문제를 맡아 주기를 기대했으나 미국은 그렇지 않아도 필리핀을 독립시키고 동남아에는 식민지가 없는데, 불란서의 식민지 문제를 맡아줄 생각은 없었다. 그러나 공산주의자들의 동남아 침공을 막고, 장차 장개석 총통의 실수를 만회하여 Beijing으로 입성하는 탈환 정책(Rollback Policy)을 성공시키기 위해 계속하여 남쪽 Vietnam을 도우면서 중공의 삼지창 정책을 좌절시키는 작업에 힘을 썼다.

Vietnam은 북부와 남부를 연결하는 교통수단이 아직 없어서 마치 두 나라와도 같이 남북으로 갈린 한 나라이다. 제2차 세계 대전 때에는 Hanoi가 수도였고, Vietnam 바오 다이 왕이 호지명에게 전권을 맡겼었고, Hanoi에 수도를 두고 호지명은 Hanoi에서 활동하고 있었다.

IKE의 집권 8년 동안에 Vietnam의 바오 다이 왕은 수도를 사이공에 두고 고 디엠을 총리로 임명했다. 이런 사실을 토대로 미국은 남 Vietnam의 공산화를 막기 위해 힘썼으나 절대로 불란서 식민지의 대리전쟁은 피했다.

이대통령은 동북아의 문제에는 미국 전문가들을 능가하는 분이었다. 일본이 진주만을 기습폭격을 하기 6개월 전에 이미 일본이 미국을 공격할 것을 예언했고, 또 미군이 대한민국에서 철군하면 북괴는 남한을 기필코 공격할 것을 예언하였다.

사실, 미국은 이승만 대통령을 동북아에서 공산당의 침입을 막아낸 영웅으로 초대하여, 한국이 6.25동란에서 입은 피해를 재건하기 위하여 미국은 원조자금을 준비했었다.

그래서 이대통령은 1954년에 미국 맨하탄에서 마치 IKE가 구라파에서 귀국했을 때, 맨하탄의 Broadway를 Open Car Perade로 환영을 받았듯이, 이승만 대통령도 Broadway를 Open Car Perade로 누비면서 영웅의 환영을 받았다.

이런 행사 후에 그는 곧 Washington D.C.로 가서 미국의 상하원 의원들이 모인 가운데서 연설을 했다. 그는 상하원 의원들의 기립박수를 받으며 장내로 들어갔다. 이대통령을 먼저 맥아더 장군을 비롯한 미군에 대하여 감사의 뜻을 전했다. 그리고 또 미국 국민이 보내준 지원과 뒷받침에 대하여 정중히 감사를 표했다.

그러나 그는 또 하고 싶은 말을 다 해야 했다. 한국을 소홀히 한 점에 대하여, 특히 괴뢰군을 한반도 밖으로 내몰지 못한 일에 대하여 신랄하게 책망했다. 그리고 미국이 북진통일을 하지 못한 실책을 시종일관 규탄하므로써 그의 연설이 끝날 때까지 박수는 한번도 없었다. 그러나 그가 연설을 마치고 외롭게 출구로 걸어가서 문을 열었을 때 다시 우뢰와 같은 박수가 터져 나왔다. 그러나 이런 이상한 현상을 미국의 신문들은 이렇게 변명을 했다. 만일에 이승만 대통령의 연설 도중에 미국의 의원들이 박수를 보냈다면 소련은 미국은 역시 전쟁광(Warmonger)이라고 할까 두려워서 박수를 자제했고, 이승만 대통령이 문을 열고 나갈 때에 나온 박수는 노인의 용기를 가상히 여겨서 찬사를 보내는 뜻이었다는 것이다. 나도 그때는 그 신문의 해설을 일리가 있다고 생각했으나 지금은 조금 다르다.

다음 순서는 백악관에서 대한민국의 재건을 위한 미국의 원조를 제공하는 시간이었다. 당시의 부통령은 Nixon이었고, 국무장관은 J. F. Dulles였고 그의 형은 아직 초대 CIA 국장이었다.

이승만 박사는 당시 자신이 경제에 전문가가 아님을 인지하고 장기영 씨를 대동하고 미국을 방문했었다. 그러나 그는 미국은 일본을 통하여 한국에 원조를 주겠다는 사실을 지적했다.

　이승만 박사는 미국이 제공한 한국 재건 원조는 일본을 통한 것이어서, 미국 중심의 것이지 대한민국을 위한 것이 아니라는 이유를 들어 그 원조를 거절하고 한국을 일본과 연계하지 말고 독립적인 원조를 해줄 것을 요구하며 백악관을 떠나서 다시 New York의 U.N.본부로 발길을 돌렸다.

　거기에서 그는 한국이 U.N.의 회원이 되어야 한다는 말을 남기고, 그는 미조리주에 있는 트루만 대통령의 고향을 찾았다. 거기에서 이대통령은 트루만 대통령의 손을 들어주었다, 소련을 배경으로 한 김성주의 남침에 대하여 즉각적인 대응을 한 용기를 찬양하는 뜻이 담겨 있었다. 그리고 그가 소련에 대하여 이른바 봉쇄정책을 선포한 용기에 대한 칭찬의 뜻도 담겨 있었다.

　그러나 맥아더 장군이 대한민국의 북진 통일을 위해 압록강에서 휴전하려던 계획을 무모하게 방해한 사람은 바로 트루만이었다. 그가 어째서 그런 일을 저질렀는지는 잘 모르나 아마도 크게 보면, 그의 대통령 재선을 위한 것이었던 것 같다.

　이승만 대통령은 이때 이미 80세의 고령이었다. 미국에서 대한민국 원조를 일본을 거치지 않고 직접 달라고 요구한 것이 아마도 그의 초대 대통령으로서 마지막 임무를 수행한 것이 되었다. 노태우 전 대통령의 증언에 의하면, 그는 1955년 육사 졸업식에 참석했을 때는 벌써 자신이 그때 어디에 있었는지도 모르고 있던 모양이라고 했다. 그래서 마이

크를 통해서 '여기가 어디야?' 하는 이대통령은 자신이 앉아 있는 자리를 더듬는 목소리가 들렸다고 했다.

그 다음부터는 사실, 이대통령은 하나님의 말씀으로 건국의 대통령이 된 것을 감사하며, 이 자랑스러운 대한민국을 인계받을 사람을 보려고 사신 것으로 추정된다. 우리의 착한 대한의 국민은 그에게 그런 기회를 드렸었다. 초대 대통령만은 대통령직을 중임할 수 있도록 했었으나, 이것을 3회로 중임을 제한하는 국민투표를 한 결과 4사5입의 에피소드가 벌어졌었다. 이 사건에서 보는 바와 같이 이대통령은 독재자라기 보다는 정확한 법치주의자였고 고매한 인격을 갖춘 유교도 집안에서 성장한 인격자였다.

사실, 이대통령은 3.15 부정선거와는 직접적인 관계는 없었지만, 독립운동을 돕던 양영대군의 후손인 이기붕을 그는 자신이 개혁주의자로 감옥살이를 5년 간이나 했지만, 고종이 그를 믿고 미국의 데오더 루즈벨트 대통령에게 특사로 선정해준 고종의 신뢰와도 같은 유교 왕실의 품위가 이승만 대통령에게는 없었겠는가? 다만 그가 왕가 출신이어서 감정을 표출하지 않는 품위를 지켰을 뿐이었다. 이것을 바꾸어 요사이 미국에서 유행하는 표현으로 말하면, "He was a cool man" 이었다. 이승만 대통령은 독립운동에서 그와 운명을 함께 한 이기붕씨의 잘못을 함께 책임을 지는 의인이었다.

그는 우주만물의 구세주로부터 **"두려워 말라! 내가 너와 함께 하리라. 내가 네 하나님이 됨이라. 내가 너를 굳세게 하리라. 참으로 너를 도와주리라. 참으로 나의 의로운 오른손으로 너를 붙들어 주리라. 보라, 네게 노하던 자들이 수치와 욕을 당할 것이요, 너와 다투**

는 자들이 아무것도 아닌 것 같이 될 것이요, 멸망할 것이라." 라는 말씀을 받았으니, 그도 그의 혈족이며 함께 독립운동을 하던 이기붕씨와도 이 말씀을 나누었을 것으로 추정된다.

불의를 보고 일어난 사람은 그의 양자인 강석이었다. 그러나 그는 벌써 그의 가족과 함께 자살을 하고 이 세상에 없었다. 강석은 당시에 육사 학생이었다. 이대통령은 이미, 육적인 것을 초월하여 오직 하나님께로부터 온전히 태어난 영적인 사람이었던 것으로 추정된다.

이조실록에 전주 이씨는 딸딸족의 후손으로 되어 있다. 아마도 만주와 중국 북쪽에서 소련 등을 위협하던 Tartar족 같다. 이 Tartar족이 광개토대왕 등에게 밀려서 함경북도 쪽으로 한반도로 침입해 들어와서 이씨 조선조를 형성한 것으로 추정된다. 그렇다면, 이씨 조선의 세도정치는 Tartar족과 같은 독종을 착한 조선 사람으로 만드는 하나님의 과정이었던 것인지도 모른다. 이순신 장군이 전주 이씨가 아니라 덕수 이씨였던 사실도 이런 맥락으로 해석할 수 있다.

이승만 대통령은 세종대왕의 형인 양영대군의 후손으로 품위를 갖고 있었으며 또 그 품위를 지킨 분이다. 이상 말한 것이 이조 유교왕가 곧 조선왕가의 의리였으며, 끈끈한 신뢰와 품위라면 그분은 유감없이 이런 왕가의 품위를 다 지키신 분이다. 당시에 일부 자유당의 인사들은 군을 풀어서 4.19를 진압하자는 제의도 있었으나, 이승만 대통령은 그런 의견을 묵살하며 "내가 하야하면 되니 그만두라"고 하며 그분은 자발적으로 하야성명을 고했다고 한다.

그는 대한 독립의 투사이며, 당신의 혈족의 잘못은 곧 자신이 잘못이라는 책임감을 느끼고 함께 하야를 결정하신 분이다. 이런 왕가의 품위를 지닌 분이 이기붕 씨와의 하직 인사도 없이 헤어지셨다고 상상이라도 할 수 있었겠는가? 그러니 이승만 대통령은 하야 성명을 고하고, 정든 경무대와 양자인 강석의 자살행위에 대한 아픔을 안고 경무대 문을 나가셨다.

예수님께서 당시 예루살렘에 올라가서 십자가상에 달려 돌아가실 일을 제자들에게 말해 주었을 때, 베드로는 그렇게 되면 안 된다고 말하니 예수님께서 베드로에게 "사단아, 물러가라" 하시고는 이렇게 말씀하셨다.

"나를 따르려고 하는 사람은 누구든지 자기를 버리고 자기 십자가를 지고 나를 따라야 한다. 무릇 자기의 목숨(혼)을 살리려는 사람은 그것을 잃을 것이요, 나를 위하여 자기 목숨(혼)을 버리는 사람은 얻을 것이다." (마태 16:24~25) 하고 말씀하셨다.

이 말씀을 이해하려면 고린도 전서 15:22~24 말씀을 정확히 이해해야 한다. **"아담의 죄로 인하여 모든 사람에게 죽음이 임한 것과 같이 또 그리스도로 말미암아 모든 사람이 풍성하게 살아날 것이다** (고린도전서 15:22)"하고 말씀하셨다. 그리고 23절에는 **"그러나 모든 사람에게 차례가 있으니, 그후 (부활의) 첫 열매로 그리스도께서 살아나셨고, 다음은 끝이다"**하고 말씀하셨다. 그래서 마치 사람의 육신의 부활은 예수님께서 재림하실 때, 모두 함께 부활하는 것같이 기록되어 있다. 그러나 이것은 큰 오해이다.

사람들이 예수님의 현존 앞에 서는 경우가 성경에 기록되어 있는 것이 두 번이 더 있다. 그 하나는 이 세상에 살아 있는 동안에 음성으로 예수님의 말씀을 듣거나 환상을 볼 때이고, 또 한번은 죽어서 예수님의 심판대 앞에 설 때이다. 고린도 전서 15장에 보면, 휴거 때에 부활되는 사람들도 있다. 하늘에서 있을 예수님과의 결혼식 직전에 일어날 일이다. 이때는 모두 온전한 사람이 되는 일과 관련되어 있다.

부활될 몸은 예수님께서 당신의 아내될 사람에게 주시는 결혼 선물이다. 이 선물을 받으려면, 온전한 사람이 되어야 한다.

로마서 12:1에 **"형제 여러분, 나는 하나님의 자비를 통하여 여러분께 권고합니다. 여러분 자신을 하나님께서 기쁘게 받으실 산 제물로 바치십시오. 이것이 여러분이 하나님께 마땅히 드려야 할 예배"** 입니다.

산에 우리의 무덤 자리가 없을까 두려워 화장하지 말고 전지 전능하신 여호와 하나님을 믿으십시오. 우리와는 상대도 되지 않는 지혜와 방법을 가지고 계시는 분이 바로 여호와 하나님이십니다.

# II
짧았던 제2공화국과 그의 임무

    제2공화국이 이대통령의 정권을 이어받는 줄로 알았지만 사실로 정권을 잇는 다음 정권은, 전개되는 역사를 두고 보니 제3공화국인 박정희 정권이었다.

    이것은 Kennedy가 대통령이 되면서 모범적인 IKE-NIXON-DULLES 정권을 파고 들어가려는 민주당의 무리한 실책이었지만, 우리가 어떻게 할 수 있는 것이 아니었다.

    젊고 철없는 부자집 아들들로 구성된 Kennedy 선거팀은 이른바 Realistic Idealism의 기치 아래 이루어진 것이었다. 이것은 큰집 격인 미국이 하는 일이었기 때문에 우리가 어떻게 할 수 있는 것이 아니었다.

    그러므로 이 과정에서 월남의 고 디엠 총리는 살해되었고, 미안마의 아웅산 Susy의 아버지는 영국의 식민지인 당시의 버마의 지도자였으나 축출되어 죽었으며, 지금의 미얀마는 불교국이 되고 말았다. 그리고 Kennedy 자신과 그의 동생이 암살되는 희생을 당했다. 아마도 Kenney는 미국 정보부의 생리를 잘 몰랐기 때문에 저지른 실수였다.

위에서 말한 대로 Allen Dulles CIA 국장은 Roosevelt 대통령이 임명한 초대 국장이다. 그리고 FBI 국장은 자기의 상관인 법무장관이 아니라 대통령에게 직접 보고하도록 되어 있던 것이 미국 정부의 전통이었으나, 법무장관에게 보고하도록 바뀌었다. 당시의 법무장관은 J. F. Kennedy의 아우 Robert Kennedy 였다.

우리나라는 이조 500년 동안을 유교가 국교였음으로 쿠데타를 반정이라고 하여 유교적인 사고로 임금을 배반한다고 죄악시 했으나, 성경을 보면 북조 이스라엘에서 에리샤라는 예언자가 자신의 제자를 시켜 군에서 복무하는 예후라는 사람을 찾아서 기름을 부어 왕을 만든 다음에 그로 하여금 아합의 왕가를 쳐부수어 버리는 사건이 기록되어 있다. 그래서 서양에서는 쿠데타도 하나님께서 왕권을 교체하는 방법으로 사용하며 죄악시하지 않는다.

다시 제2공화국의 문제로 돌아가서 우리나라의 역사에 어째서 짧았던 제2공화국의 역사가 들어가 있는가 하는 필자의 소견을 설명하고 본장을 마감하려고 한다. 사실을 보면 나의 학번이 6.25전쟁으로 인하여 가장 공부할 시기를 놓진 세대인데도 불구하고, 시건방지게 우리는 우리보다 한 세대 앞에 있는 세대의 걱정을 하곤하였다. 그들은 제2차 세계대전에 걸려서 징병이나 학도병으로 끌려가서 한참 공부할 나이에 강제로 전쟁터로 끌려간 세대이다. 그래서 해방 후에 국군에 입대하여 30대에 벌써 장군이 된 사람들이 있는 그런 세대이다. 그래서 이들이 사회의 중견이 되었을 때에는 공부한 사람들이 없어서 아마도 지도자의 암흑기가 닥칠 것으로 걱정을 하기도 했다.

지혜로우신 하나님께서는 우리나라의 이런 문제를 다 알고 계셨다. 제3공화국에는 6.25전쟁을 치루고 그 남은 에네루기를 감당하지 못하는 젊은이들이 모여 있는 곳이었다. 하나님께서는 이 젊은이들과 일제 전성기에 일본이나 혹은 다른 외국에 가서 공부할 특권을 가졌던 시대에 살았던 이들의 지식을 접목 시키는 과정이 그 짧고 아쉬었던 제2공화국 시절이었다.

그러니까 이스라엘을 사랑하시는 여호와 하나님께서는 이스라엘을 거룩한 시기심을 불러 일으켜 예수님께로 돌아오게 할 나라를 세우는 것이 중요했다. 하나님께서는 이승만 대통령을 이런 나라를 세우시는 도구로 사용하셨고, 그는 그 첫 단계인 반공을 해냈다.

다음 단계는 대한민국이 부하게 되는 과정이다. 제2공화국에는 이 과정을 해낼 정력을 가진 지도자가 없었던 것 같다. 위에서도 말했지만 장면 박사가 국회의원으로 출마한 동기가 가톨릭의 주교인 번즈 교황대사의 권유에 순종하려는 마음에서라고 했다. 그리고 그분은 가톨릭 교회에서 청빈한 생활을 표방하는 프란치스코 수도회의 평신도회 회장으로 있었고, 교육자였지 정치인이 아니었다. 하나님께서는 그분을 누구보다도 잘 알고 계셨다. 그리고 그는 일제시대에 미국유학을 한 분이었다. 동료들 중에는 일본, 독일, 미국 등에서 공부한 분들이 많이 있었다. 그들은 이런 인재들이 모여서 경제부흥을 위한 제일차 5개년 계획을 세울 수는 있었으나, 실천 능력은 부족했던 것 같다.

다음에 하나님께서는 지혜롭고 현실적인 군인이었던 박정희 장군을 부르셨다. 하나님께서는 이 두 그룹을 접목시키는 작업을 미국

Kennedy정권의 Realistic Idealism을 사용하셨다. 제2공화국이 작성한 5개년 계획이 완성되고 바야흐로 그 계획을 실행에 옮기기 직전에 5.16쿠데타가 일어났다. 박정희 장군은 가난한 집안에 태어나서 장군까지 승진한 다부지고 똑똑한 인재였다. 그리고 '깨끗한 독재자'라는 말을 들으리 만큼 책임감이 강한 분이었다. 아쉽지만, 제2공화국의 임무는 이것뿐이었다.

III
제3공화국이 이룩한 한강의 기적

    이승만 대통령의 주역이 동북아에서 공산주의자들을 몰아내고 이스라엘을 시기케 할 나라, 대한민국을 건국하였으므로 공산주의자들에게는 이대통령이 독재자로 느껴질 수도 있었겠지만, 그는 철저히 법치주의자였고 겸손하고 선량한 통치자였다. 그리고 민주화를 기다리던 이들에게는 박정희 정권의 통치는 좌파들이 생각할 때 독재정치의 연속이었을 것이다. 박대통령은 나중에는 유신헌법까지 만들어 정권 연장을 꾀했었다.

    물론, 그분은 이승만 대통령만큼 교육은 받은 분은 아니었지만, 또 그는 일본 군대에서 악습도 배웠지만, 하나님께서는 그분으로 하여금 '한강의 기적'을 이룩하셨다.

    누군가가 말한 것처럼 그는 '깨끗한 독재자'였다. 그러나 우리 국민은 아직 정말 독재가 어떤 것인지를 모르고 있다. 남한의 국민들은 정말로 무자비한 스탈린과 김성주의 독재를 겪어본 일이 없었기 때문이다.

그러나 한 가지 확실한 것은 제3공화국이 집권하는 동안에 대한민국이 경제적으로 성장했으며 '한강의 기적'이 일어나, 지금은 세계에서 굴지의 부국이 되었다. 이것은 물론 이승만 대통령이 그 기초를 탄탄히 닦아 놓은 위에 미국의 원조는 일본을 통하여 받지 않고 직접 받도록 한 바탕에, Kennedy정권의 Realistic Idealism의 논리로 적극적인 경제 원조를 받음으로 인하여 '한강의 기적'을 이룩할 수 있었다.

Kennedy의 현실적 이상주의(Realistic Idealism)이란 중공과 같은 공산대국 주변에 있는 나라들이 민주주의를 추구하는 것은 비현실적이라고 하여 한국, 월남, 버마 등을 쿠데타로 군정을 만들어 먼저 경제성장을 한 다음에 중공에 대결을 하겠다는 것이었다. 그중에서 성공한 나라는 대한민국 뿐이었다.

지금의 정부 청사 건너편에 미 대사관 빌딩 북쪽에 대사관과 꼭 같은 빌딩이 있었는데 그것이 5.16 최고회의 빌딩이었고, 미 대사관 자리가 미국의 원조기관인 USOM빌딩이었다. 그러니까, 5.16 최고회의 빌딩과 미국의 원조기관인 USOM은 마치 쌍두마차의 두 마리의 말과도 같았다.

Kennedy 대통령이 암살된 후에, 정권을 이어받은 Johnson 부통령은 쿠데타의 실패로 인하여 어려워진 월남전 정세를 회복하기 위하여 성공한 박대통령에게 도움을 청해왔다. 한국에서 월남으로 군대를 파견해 달라는 것이었다. Johnson 대통령이 제시한 대가는 KAIST의 건설이었다. 물론, 민주주의 전선이 서로 도와야 하는 것은 사실이지만 박대통령은 크게 고민하지 않을 수 없었던 것은 한국 청년들이 피를 흘려야 하기 때문이었다. 이 용병 파견으로 받은 적지않은 돈도 모두 나라

건설에 투입되었다. 용병을 보내서 돈을 받는다는 것은 참으로 가슴아픈 일이어서, 박대통령도 큰 고민 끝에 중단할 수 없는 나라의 건설을 위해 그 제안을 수락했다. 이것은 당시의 쪼달렸던 자금의 조달과 군대 양성이라는 이점도 있었지만, 대통령으로서는 신중한 검토가 필요했다. 그분은 그리스도인은 아니었지만, 그는 성실하게 나라를 위하여 한 일로 하나님의 사랑을 받는 분이 되었다고 나는 믿는다.

이런 그분에 대한 일화가 전해진다. 그분의 아들 지만은 대통령을 아버지로 둔 자식으로서의 부담도 많았던 것 같다. 그래서 그는 대학도 자기가 원하는 대학을 못 다니고 육사에 입학했다. 그런데 지만이는 육사에서 어떤 선배를 만나서 점차 자신의 처지를 깨닫고, 박대통령의 마음에 드는 학생이 되었다는 것이다. 박대통령은 이렇게 된 일을 고맙게 생각하여 그 선배와 그의 동료들을 청와대로 초대를 하여 식사를 하면서 그 선배 사관에게 물었다는 것이다. "내가 자네가 수고한 것에 대하여 고맙게 생각하고 있으니, 내가 자네에게 어떻게 보답하면 좋겠나?" 대통령의 말에 그는 경례를 붙이고는, "각하, 저는 사실 아무것도 한 것이 없지만, 각하께서 정히 그렇게 말씀하신다면, 저는 각하께서 예수님을 믿으시면 합니다!" 하고 대답했다는 것이다.

이 말을 들은 대통령은 주먹으로 자신의 턱을 바치고는 한참 골톨이 생각하더니, "그래! 내가 이 자리(대통령)를 그만두면 믿지!" 하고 대답했다는 것이다. 나에게 이 말을 전해준 사람은 그리스도인이었지만 나와 의견이 조금 달랐다. 그는 시간이 중요하다는 것이었다. 박대통령이 그때 믿었더라면 구원이 되었을 터인데 하며 아쉬어 했다. 나는 박대통령은 구원을 받았다고 말했다. 하나님은 사랑이 풍부하신 분이라고 말해주었다.

 필자는 위에서 말한 대로 왕이나 대통령이나 하나님께서 정하신다고 믿는다. 그리고 욥이 말한대로, **"감히 누가 있어 하나님이 틀렸다고 말하겠는가?"** 라는 말이 있는 대로 필자도 이 성경 말씀을 믿는다. 그를 대통령으로 앉히신 분은 하나님이시다. 그러나 그가 국가원수가 되어서 하는 일 중에는 잘한 일과 잘못한 일이 있는데, 하나님은 그것까지 책임지시지는 않는다. 대통령이 된 후에 일은 자기 스스로가 책임을 져야 한다. 대통령에게도 선택의 자유가 있다.

 박대통령이 집권할 때, 호남 사람들이 억울하게 당한 일도 많았으나 국가 원수로 김영삼 대통령이 바로 잡아야 할 것을 잡지 않았다. 그래서 나는 다음 대통령으로 김대중 씨가 당선될 것을 믿었다. 과연 그는 다음 대통령으로 당선되어 호남의 억울함을 바로 잡기 시작했으나, 그는 그것을 구실로 너무 부당하게 했다. 성경에서도 이런 경우에 하나님께서 그 너무한 사람을 기필코 벌하신다.

IV
여섯 분의 5년제 대통령들

위대한 건국의 대통령을 둔 대한민국은 행복하다. 그리고 '깨끗한 독재자'로 이름을 날린 박대통령과 같은 지혜로운 일꾼을 가진 우리나라는 과연 이스라엘을 거룩한 시기심으로 시기케 할 사명을 가진 나라임을 나는 확인하게 되었다.

훌륭한 건국의 대통령의 각고의 노력으로 세워진 나라, 그리고 훌륭한 지도자들이 모여서 박대통령이 '한강의 기적'을 향해 힘차게 시작할 수 있는 첫 5개년 계획을 제공한 제2공화국, 다음에 지혜로운 한 군인에 의한 부의 창출, 이것이 1948년부터 걸어온 약 30년 간의 대한민국의 역사이다. 모두가 힘차게 훌륭하게 해냈다.

어떤 이들은 여섯명의 5년제 대통령들이 그 동안에 애써서 이룩한 귀중한 나라를 무모하게 탕진해 버렸다고 혹평을 하나, 필자는 그렇게 부정적으로 생각하지 않는다. 지금은 부패한 한국교회이지만 대한민국이 이스라엘을 거룩한 시기심으로 자극하여, 그들을 예수님께로 인도할

중차대한 사명을 가진 나라로 세계 여러 기독교 국가들이 인정하게 되었다.

필자는 대통령들의 선출에 대해서는 왕권신수설을 믿는다. "누가 있어 감히 하나님께서 잘못하셨다고 하겠는가?"라는 욥의 깨달음이 맞는 말이다. 하나님께서 정하신 대통령들이 잘못한 것도 있고, 또 잘한 것도 있을 것은 자명하다. 그것은 대통령에게도 선택의 자유가 있기 때문이다. 그러나 그들이 기여한 것이 반드시 있다.

박대통령이 된 후에는 우리의 자랑스러운 사명을 완수할 능력을 하나님으로부터 받았음을 세계 만방에 입증하고, 이를 완수하는 마지막 단계에 이르렀다고 말할 수 있다.

우리는 간선제 대통령 책임제도 체험하였고, 직선제 대통령 책임제도 체험하였고, 부패한 지도자도 체험하였다. 그리고 자당의 국무총리를 쿠데타로 내쫓은 길을 열어준 내각책임제도 체험했다. 이 모든 체험들은 우리 민족이 서투른 서양식 정치체제를 배우는 과정이었다. 그리고 이 체험은 오늘날 우리 민족에게 맞는 체제를 형성하는 데 적지 않은 도움이 된 것도 사실이다.

아마도 어떤 스님이 말한 대로 이분들 중에 돈 한 보따리씩을 도둑질하여 가지고 나온 대통령이 여럿이 있는 것 같다. 또 돈을 받아먹고 감옥살이를 한 정치인들도 마치 그가 민주화 운동을 하다가 옥살이를 한 자같이 위장하던 시대이기도 했다. 따라서 이른바 386세대가 남노당의 잔당과 빨치산 출신들에 의한 세뇌 공작으로 종북세력이 증가한 시대이기도 하다. 또 이 기간 중에 아마도 우리 사회의 성적 타락이 증가하였고, 기독교회의 타락과 대형교회가 맞물린 시기였고, 또 우리 사회의

법적 체제가 극도로 타락하여 **유전무죄, 무전유죄, 전관예우**의 관례가 보편화되어, 유유히 자리를 잡는 시기이기도 했다.

유전무죄, 무전유죄, 전관예우 이 세 가지는 멸망하는 나라의 징조이다! 아마도 장개석의 군대가 부패하여 하루아침에 주저앉은 사실도 이런 부패로만이 설명할 수 있다.

'**제기랄! 우리는 다 좋은데 딱 한 가지, 그 정치하는 넘들, 그넘들만 조금 잘 해주면 우리나라는 참 멋진 나라인데!**' 하는 말이 떠돈다.

그렇다! 우리나라는 곧 멋진 나라가 된다. 이를 위해 우리는 시급히 준비를 해야 할 것이 있다. 그것은 적어도 개인의 기본적인 인권과 재산권에 관한 법의 뜻이 U.N.이 애초에 승인한 그 헌법대로 환원되어야 한다. 그래야 우리는 중공과 북한이 동북아공정이라는 봉건적 사상을 빙자하여 저지른 모든 피식민지적 조약들, 이를테면 30년 간의 청진항 조차조약 등을 그들끼리 해결하도록 내버려 둘 수 있다. 동북아공정을 현대의 국가주의 개념으로 볼 때에는 그것은 다름아닌 식민지적 개념이다. 그러므로 봉건적인 사상을 근대의 국가주의적 이름으로 규탄하여야 한다.

필자가 기억하는 재검토 해야 하는 두 가지의 중요 개헌은 대통령 책임제에서 대통령을 간선제로 선출하느냐 혹은 직선제로 선출하느냐의 문제가 하나이다. 그러나 이것은 근본적인 체제를 바꾸는 개헌이 아니므로 U.N.의 승인을 받은 체제를 변경한 것이 아닌 것으로 보인다. 이 개헌은 굳이 환원을 필요로 하는 대상은 아닌 것 같다. 그러나 또 하나의 개헌은 재산 상속에서 이른바 '유류분 청구권'의 개헌이다.

이 유류분 상속제의 도입은 자칫 자본주의 국가를 상징하는 개인

의 재산권을 훼손하는 행위로서 국가 체제를 국민의 인권을 보장하는 민주정권에서 재산권과 인권을 무시하는 공산주의 체제로 옮겨지는 것이기 때문에 속히 그 제도를 지양하고 애초에 U.N.의 승인을 받아서 한반도의 유일한 합법 정부로 인정받은 헌법의 취지대로 개인의 재산권과 유언장이 훼손되지 않는 체제로 환원되어야 한다. 그렇지 않고 한번만 더 이런 개헌을 하면 대한민국의 헌법은 100% 재산권을 국가에 위임한 공산주의 헌법이 되고 말기 때문에 개인의 재산권이 보장되는 헌법으로 환원되어야 한다고 본다. 이 개헌을 교묘하게 여식에 대한 재산권을 신장한다는 가면을 쓰고 있으나, 여식에 대한 상속재산권을 신장한다는 가면을 사용할 필요가 없다. 곧, 재산권의 반을 국가에 위임하는 개헌이 필요치 않다. 단순히 여식에게는 ○○%를 준다고만 해도 된다.

필자는 Kennedy의 Realistic Idealism이 중공의 주변국 세 나라 중에서 대한민국에서만 성공한 이유를 생각해 보았다. 나의 직관으로 말하면 박대통령의 타고난 영도력과 지혜였다고 생각한다. 그 중에도 경제적인 성공은 그의 큰 지혜보다도 그가 당좌수표의 부도를 형사로 취급한 조그만한 지혜였다고 생각한다. 이것은 한국인들의 심리를 잘 아는 박대통령의 비결이었다고 본다.

우리도 앞으로 한 가지만 고치면 곧 일등국민이 된다. 그 한 가지는 **유전무죄, 무전유죄, 전관예우** 등의 망국적 법조계의 부조리이다. 아마도 박정희 대통령은 이것을 마지막에 고치려고 했던 것 같다. 그러나 하나님께서 그에게 그것을 고칠 기회를 주시지 않았다. 왜 마지막이었을까? 그렇지 않으면 일할 수 있는 그의 부하들이 많이 감옥에 갈 것이었기 때문이었던 것 같다. **불의를 보고도 일어나지 않는 민족은 멸망한다!!!**

　필자는 이 미완의 과업을 우리의 박근혜 대통령이 해주기를 바라는 마음이 간절하다. 소수 엘리트 그룹의 특권주의적 사고(깡패성인), **유전무죄, 무전유죄, 전관예우의 구조악은 파괴되어야만 한다.** 이런 구조악은 망국의 징조이며 북한의 김성주(일성) 대위가 남한의 법조계가 이런 징조에 빠져들기를 고대하여 1.4후퇴 때에 남하하는 공산 청년들에게 남하하여 고시공부를 하여 법조인이 되어 이런 풍조를 퍼뜨리도록 권고한 대로 한 것이다. 만일에 이 망국의 징조를 고치지 않으면 대한민국은 멸망하고 만다. 그들은 법조인으로서 부끄러운 일을 하기를 주저하지 않기 때문이다. 이들은 대한의 엘리트 특권주의자들(깡패들)이다. 바로 이런 법조인들의 풍조로 그 창피하고 엄청난 부조리들이 자행되고 특권주의자들(깡패들)의 **유전무죄, 무전유죄, 전관예우** 원칙이라는 부조리가 형성되어 있다는 두려운 사실이다. 이러한 구조악은 바로 김성주(일성) 대위가 바라던 것이었다.

V
앞으로 우리가 성취해야 할 일들

1. 유전무죄 무전유죄와 전관예우의 특권의식 (깡패성)의 구조악 파괴

무엇보다도 시급한 것은 망국의 징조인 이 구조악을 파괴하는 일이다. 우리의 '깨끗한 독재자 박정희 대통령'이 아마도 마지막으로 견양했던 이 일을 마무리 할 분은 그의 딸인 박근혜 대통령인 것 같다.
이것을 박근혜 대통령이 하지 않으면, 우리나라는 망국의 위기에 빠진다. 만일 그리되면, 이대통령과 깨끗한 독재자 박장군이 사력을 다하여 세운 그 위대한 건국의 업적이 무산되어 버릴 위기에 우리 대한민국이 처해 있기 때문이다. 이 구조악은 우리나라의 법조계에 있는 엘리트들의 의식이 잘못되었기 때문이다. 이것은 유전인자의 문제가 아니라 의식구조의 문제이므로 고칠 수 있는 문제이다. 그러나 지금은 시간이 없는 급한 문제이므로 급한 대로 박장군이 당좌수표의 부도를 형사로 다룬 것같이 이 문제를 우선 형법으로 다루어야 한다.

사실, 우리는 이 문제를 장기적으로는 교육으로 다루어야 한다. 우리 나라에는 영국의 Eaton과 Harrow와 같은 지도자를 양성하는 학교가 없는 것이 유감이다. 중고등학교를 평준화 한 것은 잘한 일이지만, 그와 상대적으로 높은 지도자의 윤리관과 관용을 교육하는 지도자 학교가 없다.

그러나 동북아의 맹주가 될 우리나라의 앞날을 위하여 이런 학교는 반드시 필요하다. 지도자의 윤리관과 관용을 교사들의 직접적인 표본으로 보여주며 가르칠 수 있는 학교는 반드시 필요하다.

평등을 중요시하시는 여호와 하나님께서도 교회의 지도자를 사도로 정하셨다. 하나님께서 교회의 모든 권한을 사도들에게 맡기셨다. 다음은 예언자이다. 사회에는 필연적으로 지도자가 있어야 하며, 그들은 특별히 높은 윤리관과 관용을 가지고 있어야 한다. 그러므로, '법조인들은 법의 전문가이므로 누구보다도 법을 잘 지켜야 한다'는 긍지가 있어야 한다. 그러나 아쉽게도 지금의 대한민국 사람들의 윤리관을 좌우하는 중고등학교 과정에서 배울 기회가 없다. 대신에 이것은 결국 교육의 문제로 귀착된다.

끝으로 경계해야 할 것은 그 동안 헌법재판소가 직무를 소홀히 하여 해산되다시피 한 것을 새로 추스려 정리하였는데도 유신헌법의 여성 스커드 길이에 관한 법을 위헌으로 규정하고 정리하면서도, 정작 대한민국을 적화하는 공산주적 헌법인은 유류분에 대한 개헌을 정리하지 않는 것은 이상하다. 이번에 이석기 등의 내란음모 사건을 토대로 생각하면, 종북좌익 세력의 압력을 받은 것 같은 인상을 짙게 갖도록 한다.

원래 유전무죄, 무전유죄, 전관예우의 법조인들의 구조악의 역사는 한 때 법조인을 독차지하다시피 한 모 고등학교로부터 시작되었다.

그것은 소련의 김성주 대위 이전부터 있었고, 김성주 대위는 다만 이를 공산주의 증진에 이용한 것뿐이다. 김성주는 남한의 이런 구조악이 마침내 장개석의 국부군이 부패하여 주지앉도록 남한도 그렇게 되기를 바라서 1.4후퇴 때, 남하하는 공산청년들이 남하하여 법조인이 되라고 격려한 적이 있다.

2. 문학의 세계 지배론

위에서 잠깐 언급한 대로 1950년대 미국에서는 문인들이 세계를 장악하려면 먼저 그 나라의 문학이 세계를 장악해야 한다는 말이 심심치 않게 나돌았다. 그리고 당시에는 세계 제2차 대전에서 소련이 연합군이었으므로, 소련의 톨스토이의 '부활', 도스토이에브스키의 '죄와 벌' 등이 한참 유행했었다.

어떤 영문학을 가르치는 대학 교수의 말에 의하면, 영문학의 작품들은 크게 두 가지로 나눌 수 있다는 것이다. 그 중의 한 부류의 작품들은 여호와 하나님을 찬양하는 작품이고, 또 하나는 하나님을 폄하하는 작품이라고 했다. 그러나 두 가지 모두가 여호와 하나님을 중심으로 하고 있다는 것이다. 영국이 19세기를 주도할 수 있었던 또 한 가지 이유는 영국이 해양국이었기 때문이었다. 그러나 그 중에서도 쉬운 언어를 가진 서바나를 제치고 19세기를 주도할 수 있었던 것은 아마도 그 문학이 지니고 있는 사상일 것이다. 서바나어는 배우기는 쉽지만, 나같은 사람이 아는 책은 Cervantes의 '돈키호테' 뿐이다. 이에 비하여 영국에는 더 많은 작품들이 있었다. 또 그 작품들이 지니고 있는 사상들은 쉽게 공감할 수 있으며 보편성이 있는 것들이었다.

한참 톨스토이와 도스토이에브스키의 문학이 유행할 때, 미국의 문인들은 영국을 물려받을 후보자는 소련인가 싶었다. 그러나 소련은 멸망하고, 영국을 물려 받은 세계를 장악한 나라는 미국이었다. 물론, 미국은 같은 영어를 사용하는 나라였고, 실제로 영국인들이 이민하여 세운 나라이므로 미국을 대영제국의 연속으로 오해를 한다. 그러나 그렇지 않다. 미국은 영국과 독립전쟁을 치른 나라로서 영국과는 다른 문화와 문명을 가진 나라이다. 무엇보다도 미국은 제국주의가 아니라 자유의 나라이다.

가령, 소련의 볼쉐비키 혁명 직전의 톨스토이를 보면, 그때의 대부분의 농민들은 부당한 소작료에 대하여 분노했고 시정되어야 한다고 생각했다. 물론, 많은 지식인들도 그렇게 생각했다. 톨스토이도 그런 사람 중의 한 사람이었다.

사람은 제 아무리 공부를 많이 해도 성령께서 붙들어 주지 않으면 언제나 세상의 유혹에 약하다. 성경은 세상은 다름아닌 육신의 정욕, 안목의 정욕, 생의 자랑 등 세 가지로 나누어 설명했고 그것이 전부라고 말했다. 아마도 톨스토이는 상당히 도덕적인 사람이어서 많은 돈으로 많은 첩을 얻어 데리고 산 사람이나, 그 많은 돈으로 사치를 한 사람도 아니었다.

그러니까 세상의 육신의 정욕과 안목의 정욕을 극복할 수 있는 능력이 있는 일반적으로 알려진 극히 도덕적인 사람이었다. 그래서 그런 고

상한 생각을 보급하기 위해 많은 소설을 썼다.

톨스토이는 문학의 가치를 대중 계몽에 둔 사람의 대표적인 작가였다. 그의 부인도 그의 소설을 쓰는 것을 즐겨 도왔다. 그런 소설을 쓰면 쓸수록 톨스토이는 매스콤을 탔고 유명해졌다. 톨스토이는 드디어 그의 재산을 가난한 사람들에게 나누어 주어야 되겠다는 생각을 하게 된다. 그러나 부인은 반대했다. 이제 그는 생의 자랑, 곧 명예심에 대한 하나님의 시험을 받아야 하는 입장에 서게 되었다. 그의 명예심에 대한 시험은, 마치 아브라함이 이삭을, 하나님께서 그의 후손으로 번성케 하시겠다고 한 약속의 자식을 번제의 제물로 바치라는 하나님의 명령과 비슷했다. 그가 이치로 생각하면, 그를 번제로 바치면 그는 죽을 것이고, 그가 죽어버리면 하나님께서 그를 통하여 구원의 자손을 주시겠다고 한 약속은 물론 무산되어 버릴 것이라고 생각했을 것이다.

세상적으로 생각하면, 이런 그의 논리적인 이치가 틀릴 개연성은 거의 없다. 그러나 그는 백세가 넘은 그들 부부를 통하여 이삭을 임신하게 하신 분이 하나님이시다. 이것은 그렇게 하신 하나님께서 그런 일을 체험한 아브라함을 시험하신 것이다. 바로 하나님의 부활의 능력에 대한 믿음을 시험하시는 것이었다.

톨스토이도 이런 시험을 받는 것을 보면, 아마도 무척 훌륭한 분이었던 모양이다. 하나님께서는 아무나 그런 엄청난 시험을 하지 않으실 것이기 때문이다. 이때부터 그는 명예심에 대한 유혹과 부인에 대한 사랑과 부인이 그가 유명해진 일에 헌신한 공노와의 싸움이 시작되었다. 그는 소설가이니 만치, 여자들에 대하여 잘 알고 있었고, 여자들은 남자들과 달리 직관이 잘 발달되어 있는 존재라는 사실도 알만치 알고 있었다. 바꾸어 말하면 그는 하나님께로부터 이런 시험을 받을 만한 자격자였다. 그러나 그의 부인의 반대는 점점 잊혀지고 자신의 명예심만이 그의 마음을 태우는 시간에 빠져들게 되었다.

아마도 그는 그의 노력만으로 얻은 부, 또 유산으로 받은 부 등을 혼자만의 결정으로 무로 만들어 버리려는 남편이 원망스러워서 이 세상을 더 살기를 원하지 않게 되어버렸다.

그는 소작인들에게 소작료를 획기적으로 인상해주어서 그들의 생활이 윤택해져서 그들을 기쁘게 하는 방법으로 다른 귀족과 부자들에게 본을 보여 줄 생각은 해보았을까? 그러나 그렇게 하면, 사단의 세력은 왕실이나 교회나 다른 귀족이나 부한 사람들이 톨스토이를 가만두지 않고 박해하도록 했을 것을 추정하기는 어렵지 않다. 그래도 그가 그 고난을 치루었다면 그리고 그 고난의 제물이 되었다면 그 부패한 사회를 바로잡는 데 더 큰 공헌을 세웠을 것이며, 아마도 부인도 그 남편을 진심으로 사랑하고 존경하였을 것으로 추정한다. 그러나 그의 부추기는 사단의 세력은 그를 그 고난의 길을 걷도록 놔두지 않았을 것이다. 그러나 그것이 그가 걸어야 할 택함을 받은 위대한 의인의 길이었는지 모른다.

그는 결국 그를 좇아 다니며 명예심을 부추기게 하는 얄팍한 언론의 말에 더욱 귀를 기울였다. 그러다가 그는 헛 다리를 짚어 명예욕의 유혹에 지고 말았다. 그는 하나님의 이런 시험을 받을 만한 위대한 경지에 이른 분이었으나 그는 기독교인보다도 공산도배들의 선전물로 추락해버렸다.

아깝도다. 러시아여! 만일 톨스토이가 그 시험을 이겨냈더라면 세계

사는 지금 다르게 진전되었으리라. 그래서 등불을 향한 대한민국은 소련의 도움으로 형성되었을 수도 있다. 그러나 그렇게 되지 않고, 미국의 복음주의 신앙의 도움을 받게 된 것이었다.

3. 동북아에서의 '한류'

일찍이 약 십여 년 전부터 우리나라는 '한류'라는 세계적인 유행을 자랑스럽게 생각하고 있다. 원래 유행이란 일반적으로 선진국에서 시작하여 보다 후진인 나라에 흘러 들어간다. 그러나 한국은 엄밀히 말하면 아직 중진국이라고 말해야 하는 나라인데도 '한류'를 통하여 선진국 사람들을 매혹시켜서 즐겁게 해주고 있다. 이런 현상은 어떻게 보면 유행의 역류라고 말할 수도 있다.

작년에는 Harvard대학에서 '한류'에 대한 seminar까지 열려서 우리는 그것을 자랑스럽게 생각하고 있다. 또, '요리'라면 세계에서 중국 요리를 제일로 치며, 요리에 관한 한 중국이 선진이지만, 중국에서까지도 한국의 궁중요리를 소개하는 연속극인 '대장금'이 열광적인 환영을 받고 있다. 또 얼마 전에는 '강남스타일'이라는 가극쇼가 미국 대회에서 일등을 차지했고, 또 우리의 소년 악단이 불란서의 청소년들을 흥분시키고 있는 일들은 예사로운 일이 아니다. 또 최근에 Google사의 회장이 한국을 방문하여 한국이 '한류'를 일으키는 것이 우연이 아니고, IT의 발전과 관계가 있다고 설명했다.

그렇다고 해서 한국이 그들보다 문화적으로 우월한 것일까? 문화는 우열을 가리기보다 먼저 서로 다르다는 사실을 인정해야 한다. '한류'라는 현상은 결코 한국인이 두뇌가 우월하여 일어난 현상은 아니다. 왜냐하면, 성경에는 하나님께서 두뇌가 우월한 민족과 열등한 민족을 창조하셨다는 말씀이 없기 때문이다. 물론, 인간들이 인위적으로 기준을 정한다면 우열을 가릴 수도 있지만, 그것은 어디까지나 인위적인 것이다.

어떤 한 민족이 다른 민족에 비해 노벨상을 더 많이 받았다는 사실은 그 민족이 필요함으로 하나님께서 은총을 부어주신 결과이지 그것이 그 민족이 다른 민족들에 비해 더 우월한 두뇌를 가지고 태어났다고 생각하는 것은 착각이다. 그러니까 인간은 진리를 탐구하면서도 진리를 찾지 못하고 많은 착각에서 산다. 하나님께서 필요에 따라 그때그때 내리시는 축복을 우월한 두뇌를 타고 난 것으로 오해하고 착각을 한다. 성경에는 하나님께서 인간을 각자 다른 재주를 주어서 창조하신 것으로 기록되어 있지만 민족에 따라 각각 다른 두뇌의 능력을 차별하였다고는 기록되어 있지 않다.

세계 제1차 대전 후로는 볼쉐비키 혁명의 성공으로, 스탈린의 약탈 시대가 시작되었으나, 제2차 대전 후로는 '실용주의 시대'가 열렸다. '우리 민족끼리'가 아니라, '모든 민족과 더불어 번영하는 시대로 바뀌어 지고 있다.

스탈린의 약탈주의는 신학교를 졸업한 스탈린에 의한 내가 먼저 빼앗지 않으면 상대가 먹는다는 시대적 착각에서 비롯된 것이었다. 스탈린이 이렇게 믿은 것은 신학교에서 배운 신학을 무신론적 유물사상으로 잘못 해석한 것이었다.

모두가 아는 바와 같이 공산주의는 19세기 중엽에 New York Times

사의 기자로 있던 독일 유대인인 Karl Marx가 봉급을 올려줄 것을 거부당하자, 불평을 갖고 독일로 돌아가 이른바 '공산당 선언'을 발표함으로써 시작되었다. 그리고 그때 영국에 살던 유대인 Engels가 자본론을 출판함으로써 이는 강화되었다. 그들의 목표는 자신들의 지혜와 재주로 지상에 천국을 세우겠다는 심산이었다.

이런 일이 일어난 지 약 반세기 후인 19세기 말엽에 미국 Harvard 대학 수학교수의 아들 Charles Pierce라는 사람이 Journal of Speculative Philosophy라는 월간지에 'How to make Our Ideas Clear'라는 논문을 게제하였다. 이런 그의 논문은 당시에 Harvard 의과대학의 교수로 있던 William James의 흥미를 끌었다. 자신은 Harvard 의대의 교수이면서 기독교의 신비주의자인 아버지를 모시고 있었다. 그의 아버지의 병적인 행동을 William James 교수는 항상 틀림없는 병적인 것이라고 생각했었다.

그는 이런 새로운 철학적인 사고에 매혹되어 환자를 치료하는 일에는 관심이 없고, Pragamtism(실용주의) 연구에 몰두하고 있었다. 그는 실용주의를 예수님의 말씀을 인용하여 '좋은 나무가 좋은 열매를 맺는다'는 말씀과 같은 것이라고 했다. 아마도 그의 아버지의 신비주의적 행위가 많은 좋은 열매를 맺은 모양이다. 그렇다면, 그는 의학적으로는 그의 아버지의 행동이 병적으로 보였지만 사실은 많은 좋은 열매를 맺는 것으로 확인할 수 있었던 것 같다. 바꾸어 말하면 그의 아버지는 정상적이 아니었지만, 그의 열매는 좋왔던 모양이다.

소련의 공산주의와 미국 특유의 실용주의의 열매는 1945년에 확연히 들어났다. 약 30년이 지난 후인데도, 소련군은 미개한 거지떼와도 같은 약탈군이었고, 미국은 이른바 마아샬 Plan에 의하여 적군의 손해 배상금을 면제해주고 또 적국뿐 아니라 연합국에게까지 그들의 파괴된 고국을 재건하기 위해서 돈을 꾸어주었다. 미국은 약 반 세기에 걸쳐 이룩한 실용주의의 열매를 축적하여, 세계 제2차 대전 후에는 국가가 개인의 인권과 자유를 빼앗는 공산주의나, 식민주의가 아닌 '나누며 서로 베푸는 시대' 곧 '실용주의 시대'를 열어서 미국의 부로 온 세계에 사는 나라의 본을 들어내 보였다.

　미국은 나름대로의 철학과 문학과 음악이 있는 자유의 나라였다. 사상가로는 Thoreau와 Emerson이 산 나라였고, Cowboy문화와 Hill Billy음악과 흑인들의 Jazz음악이 있었다. 또 'Gone with the wind'라는 소설과 Annabelee라는 매력 있는 시를 쓴 Edgar Alan Poe도 Washington D.C. 근처에 살았다.

　미국은 영국을 이어받은 제국주의 연속이라기 보다 오히려 그 반대인 자유주의 국가였다. 수도의 동북쪽에는 대영제국의 함대를 굴복시킨 Cheasbeck Bay가 있고, 그 안쪽에 해군사관 학교가 있는 Anapolis가 있으며, 거기에서 그때 미국의 애국가인 Stars & Spangls가 지어졌으며 미국의 중심지가 되었다. 또 미국에는 Hollywood가 있으며, 현재는 IT의 최강국이다.

4. 2012년 한국이 대통령 선거와 대통합의 정치

　위에서 이미 말한 대로 대한민국의 독립은 공산당과 싸우는 과정이었다. 조선독립 촉진 중앙협의회에서 당대표들이 투표로 결정한 합의에 박헌영이가 이끄는 남노당은 반역을 했고, 이승만 박사의 독립 안에도, 그것이 투표로 결정되었으나 그 안에 동의할 수 없다는 소련 고문단의 조언을 그는 전했다. 그는 또 동의한 지 하루만에 이박사와 남노당의 노선이 다르므로 그 안에 동의할 수 없다면서 합의한 뜻에 배역을 했다.

이번 제18대 대통령 선거에서도 어떤 통합당 측의 지도자가 선거 직후에 서로의 표가 박빙이니 만치 현 박근혜 정권이 그를 반대한 반에 가까운 사람들을 이끌어 가기 어려울 것이라고 솔직히 말했다.

사실은 박근혜 대통령의 노선에 반대하면서 선거에 졌으니까 합의한다는 말은 거짓말이다. 거짓말로는 나라를 통합할 수 없다. 진실이 있어야 한다. 그렇다면 무엇하려고 선거를 치루었느냐고 나 같은 아마추어도 반문하고 싶다. 선거란 둘 이상의 의견이 있을 때 다수의 의견으로 방향을 정하기 위한 것이 아닌가? 그러면 선거로 판가름 난 국민의 의사에 승복하지 않겠다는 말인가? 선거로 판가름난 국민의 의사에 승복하지 않겠다는 공언인가? 어째서 '어려울 것이다' 라는 말을 하는지 알다가도 모를 일이다.

어떤 민통당의 정치 지도자가 이치에 맞지도 않는 부끄러운 말을 했다. 이런 엄청난 말을 하려면 적어도 왜 국민의 의사에 승복할 수 없는지에 대한 설명이 있어야 하는 것이 아닐까?

사실로 박근혜 대통령의 노선에 합류하려면 그를 반대하던 사람들은 그의 생각에 대한 이해가 필요하다. 민통당은 남한 국민의 생각이 달라진 데 대하여 인정을 해야 한다. 과거에는 저소득층이 의지할 곳은 공산주의밖에 없었으나 지금은 미국이 보여준 실용주의의 풍성한 열매가 있다는 사실을 국민은 점차 알게 되었다는 것이다.

세계 제2차 대전이 끝났을 때는 이미 1945년이었으며, 소련의 볼쉐비키 혁명이 일어난지도 이미 30년이 지난 후였다. 공산당의 혁명은 원래 무정부상태가 될 정도로 부요하고 자유로운 세상을 목표로 한 혁명이었다. 그러나 그때는 그 혁명의 실패가 확실시 된 때였다. 당시의 소련군과 미군을 보며, 공산주의와 실용주의의 차이를 분별할 수 있었다. 소련은 무기를 모두 미국제를 사용할 정도로 미국의 원조에 의지하고 있었고, 실용주의를 추구한 미국은 '베푸는 시대'를 열 정도로 부국이었다. 그때는 과도기여서 우리나라의 젊은이들이 이런 생각을 깊이 탐구할 수 있는 여유가 없었겠지만, 적어도 어째서 그렇게 되었는가를 나중에라도 생각해 볼 자료는 있었다.

필자가 역사적으로 살펴 보면, 공산주의는 부요하고 자유로운 세상을 만들겠다는 약속을 했었으나, 소련은 실패하고 1992년에 74년만에 붕괴되고 말았다. 그들은 오히려 그와는 반대로 가난과 독재정권의 상징이 되었고, 실용주의는 **자유의 나라 풍성하고 부요한 나라의 상징이 되었다.**

이번 대통령 선거후에 민통당 측이 공산주의와 실용주의 차이를 인정했어야 했다. 그러면 선거로 판가름 난 국민의 의사에 승복하지 않겠다는 말은 할 수가 없다. 선거로 판가름난 의사에 승복하지 않겠다는 공언을 하면 민주주의 자체를 부인하는 것이다.

지금은 공산주의의 나무는 빈곤과 억압을 열리게 하는 나무임을 역사를 통하여 확인이 된 때이고, 실용주의의 나무는 부와 자유를 창출하는 좋은 나무임이 판명된 때이다. 우리는 좀 더 현명해져서 나쁜 열매를 맺는 나무인 공산주의를 버리고 실용주의를 택할 시기이다.

나는 우리나라의 장래에 대하여 "하나님이 보우하사 우리나라 만세"라는 애국가의 한 구절과 우리의 해방 후의 역사를 보고 낙관하고 있다. 그러나 우리가 정말로 동북아의 맹주로서 이스라엘을 시기케 할 나라로 성장하려면, 만사를 제쳐놓고 부패를 시급히 소탕해야 한다. 법을 다스리는 나라의 소수 엘리트들이 **유전무죄, 무전유죄, 전관예우**의 원칙으로 이 나라를 이끈다면 모든 공무원과 청소년들도 돈과 부정한 위선의 노예가 되어, 사회는 걷잡을 수 없는 부패로 치달을 것이고, 깡패들은 주먹을 휘두를 것이요, 여성들에게는 성폭행을 서슴치 않게 될 것이 명약관화하다.

이 나라는 현재 갑자기 이런 위기를 걷기 시작했다. 그 동안은 우리 선열들이 닦아 놓은 불교, 유교 등의 가르침이 사회질서를 지탱해 왔으나, 시간이 지남에 그 효력은 소진되었다. 이 사회를 바로 이끌 소수의 엘리트들을 이 나라는 기다리고 있다. 이 사회를 정의로 이끌 소수 엘리트들은 사회 정의를 다루는 법조인들이다. 이들은 맡은바 의무를 성실히 실천하여 이 나라가 올바른 방향으로 진격할 수 있도록 해야 한다.

유전무죄, 무전유죄, 전관예우의 원칙으로는 안 된다. 이런 특권의식은 자신의 ego를 만족시킬 뿐, 나라는 멸망의 길로 유도하고 만다. 이런 원칙은 김성주와 북한의 공산도당들이 남한에서 일어나기를 바라는 바이다. 장개석 총통의 부패를 조장할 뿐이다. 그래서 이 나라는 머지않아, 우리의 사명은 잊혀지고 나라는 멸망하고 말 것을 염려하게 된다.

나는 미국에서 대학을 나왔고 오래 살았다. 그래서 미국을 비교적 잘 아는 사람이라고 할 수 있다. 그러나 미국은 워낙 큰 나라이며 지방마다 사람들의 성질이 다르고 분위기가 다르다. 나는 지난 봄에, 그러니까 2013년 봄에 Atlandta Ga에 가서, 어떤 세무공무원에 관한 말을 듣고 새삼 놀랐다.

Atlanta Ga에 사는 어떤 한국인은 조그만 빌딩을 가지고 있고, 그 일층에서 리어커상을 하고 있었다. 술을 병으로 판매하는 상점이었다. 일층에 리어커상이 있었고 그 옆에 조그만 방이 비어 있었다. 어떤 미국인이 세를 달라고 하여, 무엇을 하려고 하느냐고 물었더니 성인용품 판매점을 하겠다는 것이었다.

그 주인은 그것이 리어커상과 잘 어울린다고 생각하여 좋다고 했다. 그런데 며칠 후에 세무공무원이 그에게 세를 주지 말라는 권고를 하려고 왔으나, 주인은 자기 집을 자기 마음대로 할 권리가 있다고 생각하고 세를 그냥 주었다는 것이다.

그러나 다음 해에는 그 리어커상의 허가가 취소되었다고 한다. 이렇게 양심적으로 나라를 지키는 세무 공무원이 있다는 사실에 나는 놀라지 않을 수 없었다. 우리도 앞으로 동북아의 맹주가 되어 중국, 일본, 몽고 등을 다스리려면 이런 법을 면밀히 지키는 공무원이 필요하다고 생각했다.

다음으로 우리가 알아야 할 것은, 공산주의자가 그들의 생각이 바뀌려면 개종하는 것만큼이나 어렵다고들 한다. 그것은 공산주의나 이단 기독교가 모두 악마에 의해 지배되기 때문일 것이다. 우리나라에서 제일 오래된 이단 기독교는 박태선의 신앙촌이다. 이단 교회의 특징을 한결 같이 대형교회이며 추구하는 것은 사랑의 관계가 아니라 돈이다. 이단 교회들이 대형 교회를 짓는 것은 마치, 돈을 많이 벌려면 공장을 크게 짓는 것이나 같은 원리로 대형교회를 세우는 것이다.

모름지기 교회는 작아야, 서로간의 사랑의 관계가 증진되며, 사람들을 향한 사랑이 생겨야만 전교를 하게 된다. 그래서 교회는 4~50명 가족 단위로 세포분열을 할 수 있다.

필자는 위에서 말한대로 남녀동등권을 반대하지 않는다. 여성이 없이 어떻게 남자가 태어나겠는가? 여자 대통령에 대한 편견도 없다. 왜냐하면, 성경에 나오는 사사기에 '사사(판관)'들은 당시에는 왕권을 대신했는데, 그 '판관'들 중에는 '데브라'라는 여자 판관이 있었다. 다만 교회와 회중 안에서는 교회의 전통을 지켜야 한다는 것일 뿐이다.

그러나 우리는 무신론자들은 축복을 받지 못하고 멸망한다는 사실을 배워야 한다. 이번 선거에서 많은 종북파들이 공산주의자인 문후보를 거부한 것은 실제 생활에서 우리 국민이 공산주의를 하면 국민은 가난해지며, 독재정권에 시달린다는 사실을 알게 되었기 때문이다.

공산주의를 실시한 소련, 중국, 북한, 월남의 특징은 가난과 독재라는 사실을 알아서 공산주의자를 거부한 것이다. 다음 선거에서는 더욱 많은 좌파들이 패륜적인 인본주의인 공산주의를 버릴 전망이다. 그러면 비로소 대한민국의 통합은 저절로 이루어진다.

필자는 위에서 말한 대로 남녀동등권을 반대하지 않는다. 여성이 없이 어떻게 남자가 태어나겠는가? 여자 대통령에 대한 편견도 없다. 다만 교회와 회중 안에서는 교회의 전통을 지켜야 한다는 것일 뿐이다.

우리는 무신론자들은 기도를 하지 않으므로 복을 받지 못하고 멸망한다는 사실을 배웠다. 그래서 이번 선거에서 많은 좌파들이 공산주의자인 문후보를 거부한 것이었다. 공산주의를 실시한 소련, 중국, 북한, 월남의 특징은 가난과 독재라는 사실을 알아서 공산주의자를 거부한 것이다. 다음 선거에서는 더욱 많은 좌파들이 패륜적인 인본주의인 공산주의를 버릴 전망이다. 그러면 비로소 대한민국의 통합은 자연스럽게 이루어진다.

소련은 이미 붕괴되었고, 중공의 모택동의 장정은 우리나라의 동학난과도 같은 것인데 나라가 큼으로 뒤늦게 온 것이며, 북한은 매년 1~300만 명씩이나 굶어 죽고 있다. 월남도 찌들게 가난한 독재국가이다.

남한의 좌파들이 공산주의는 불륜의 농지개혁을 탓한다. 남의 것을 거저 빼앗은 것이라는 사실을 이해하여 깨달을 때까지는 말만의 통합이며 반대파가 부담이 되지 않는 진정한 통합은 결코 이루어질 수가 없다. 곧, 위에서 설명한 사필귀정에 맞는 진정한 통합은 이루어질 수가 없다는 말이다. 정치의 전문가들이 선거의 기초적인 뜻을 모르기 때문이다. 우리나라는 이런 역사의 교훈에 따라, 맹목적으로 믿던 공산주의자들, 좌파들이 박근혜 후보에게 표를 던진 것은 굶어죽지 않으려는 몸부림이지, 결코 그들이 도둑놈에 대하여 '의족'이라는 이름을 준데 대한 죄를 깨달아서가 아니기 때문이다.

우리나라를 신탁통치하겠다던 소련이나 중공이 지금의 우리나라보다 가난하게 산다. 하나님의 축복을 못 받기 때문이다. 모든 물질의 원인은 영적인 것으로 시작되는데, 그것을 없다고 주장하여 축복을 스스로 제거해버리니 부의 축복도, 자유의 축복도 스스로 내던지는 결과가 올 뿐이다. 박근혜 대통령이 말한 대로 통일을 오고 있다. 우리가 쟁취하는 것이 아니다. 내가 공산당을 직접 피부로 체험한 사람으로서 박근혜 대통령에게 부탁하는 것은, 그들과 약속한 것을 그들이 지킬 것이라고 절대로 믿지 말기를 바란다. 레닌은 국가간의 조약을 '파이'와도 같은 것이어서 언제라도 국가 이익을 위해서 파기할 수 있는 것이라고 말했다. 북한도 그 레닌의 가르침을 맹종하는 나라이므로 그들과의 약속을 그들이 지킬 것으로 믿으면 안 된다.

중공은 '동북아공정' 운운하면서 봉건시대로 되돌아가려고 한다. 이 점을 다스려야 우리나라는 동북아의 맹주의 사명을 감당할 수 있다. 유언이 효력이 있도록 개인 재산권을 국가에게 위임하지 않고, 개인의 유언이 실효를 발휘할 수 있도록 좌파 대통령이 한 공산화 헌법을 다시 회복하여 우리 헌법에는 '유류분 청구권'이 없어야 한다. '유류분 청구'라는 낱말이 없도록 원상회복이 되어야 한다. 이것이 바로 U.N.이 대한민국을 한반도의 유일한 합법정부로 규정한 U.N.의 결정에 맞는다. 그리고 박근혜 대통령께서 통치하는 동안에 대한민국이 그 맡은 바 사명을 다 할 수 있도록 자유 민주주의 헌법으로 환원시켜야 한다.

이를 위하여 먼저 대한민국 소수 엘리트들의 특권의식(깡패성품)만 고치면, 이것은 어렵지 않게 고쳐진다. 그것은 국민 전체가 고쳐야 하는 큰 문제가 아니라 소수의 엘리트들만이 고치면 되는 문제이므로 필자는 쉽게 시정될 수 있을 것으로 추정한다. 이런 것이 법조인들 사이에는 일종의 구조악이 형성되어 있기 때문에 이런 구조악 만을 파괴하면 되다. 그것을 형법으로 다스리는 것이다. 박정희 대통령이 당좌 수표의 부도를 형법으로 다스린 예가 있지 않은가? **이렇게 변형된 자존심인 교만은 사라져야 한다. 진정한 승리의 월계관을 그들의 몫이 되어야 한다!!!**

그러면, 조폭의 범죄, 성폭행도 줄어들 것이다. 재판에서의 폭언도 줄어들 것이다. **그러면 유전무죄, 무전유죄, 전관예우의 악습이 일체로 자취를 감출 것이 확실시 된다.**

5. 한글 문화권

필자는 약 50년 전에 침례를 받으면서도 내가 마지막 때, 곧 환란 때를 지나면서 살리라고는 전혀 상상도 하지 못했다. 그러나 지금 우리는 분명히 종말전야(Eve)에 다가서 있다. 그래서 나는 종전의 느긋한 생각을 버리고 서둘러서 신약성경을 새로 번역하여 주를 달면은 신약성경의 강해서를 전부 쓴 것과 비슷한 효과가 있을 것이라는 생각으로 신약성경을 새로 번역하기 시작하여 지금은 완성되었다. 그 성경의 이름은 **"하늘의 도성, 새예루살렘 신약성경"**이다.

필자는 이를 번역하면서 생각한 것은 한마디로 대한민국의 앞날이 환하게 열려 있다는 것이다. 이것은 곧 대한민국이 그 사명을 향하여 활약할 시기가 왔다는 사실이다. 연소득 $○○○ 대신에 우리의 '사명'을 실현할 기회가 왔다는 사실에 나는 흥분했다. 그리고 이것은 우리가 연소득이 얼마가 아니라 분명히 우리가 행해야 할 사명이 닥친 것이다. 우리의 통일은 우리가 만드는 것이 아니라 닥치는 것이다. 가슴 설레이는 우리의 미래, 뿌듯한 이 가슴! 참으로 자랑스럽고 기쁜 일들이 우리 앞에 놓여 있다.

우리는 세계인들이 모두 상용하며 즐길 수 있는 '한글'을 가지고 있어서 얼마나 다행스러운 일인지 모른다. 이것은 세종대왕의 집현전이 중심이 되었지만, 또 많은 중국의 학자들이 참여했던 작품이다. 여기에서 중국학자들의 공을 특히 강조하는 것은 우리 민족이 자칫 어리석게 한글은 한국인들만의 작품이라고 자랑할 염려가 있기 때문에 이 말을 잊지 않고 하는 것이다.

원래, 한국어를 구사하기 위해서는 24자가 필요하지만, 세계언어를 모두를 구사하기 위해서는 이 14자가 아니라 23자로 되어 있다는 연구 결과이다. 이 사실은 New York주의 Rochester대학의 교수로 계시는 김석연 교수에 의해 세종대왕의 한글 만들기의 문서들을 연구하여 밝혀낸 사실이다. 이런 사실이 오늘날 한글 문화권이 형성되는 기초가 될 줄이야 누가 알았으랴? 하나님께서는 독일의 히틀러가 주장한 것처럼 특별 우수 민족을 창조하신 일이 없음을 우리는 알아야 한다.

한글 문화권은 동북아 경제권에서 먼저 일어날 것으로 추정된다. 아마도 동북아권에 있는 상형문자를 사용하는 민족들, 중공, 일본, 몽고는 물론이고, 글자가 없는 민족들과 심지어 Roma자를 사용하는 인도와 파키스탄까지도 결국에는 사용하게 될 것으로 보인다.

한글이 Roma자에 비해 더 빠른 속도로 표기할 수 있도록 자판이 연구되어 있기 때문이다. 오늘날과 같이 능률을 중시하는 사회들은 자연히 한글로 표기하는 일이 불가피해지기 때문이다. 이렇게 동북아권에서 한글문화가 시작되면 다음 단계로 전 세계가 한글 문화권으로 변화될 수도 있다.

필자는 지금 한국어 문화권이 아니라 한글 문화권에 대하여 말하는 것이다. 언어를 바꾸는 것이 아니라 단순히 표기 방법인 문자만이 바뀔 수 있는 개연성에 대해서만 말하는 것이다.

나는 대한민국의 사명의 제1권을 우리 모두의 가슴에 깊이 새기어 둔 노래로 마감하고 싶다.

〈1절〉
전우의 시체를 넘고 넘어 앞으로 앞으로
낙동강아 잘 있거라 우리는 전진 한다
원한이야 피에 맺힌 적군을 무찌르고서
꽃잎처럼 떨어져 간 전우야 잘자라

〈2절〉
우거진 수풀을 헤치면서 앞으로 앞으로
추풍령아 잘 있거라 우리는 돌진한다.
달빛어린 고개에서 마지막 나누어 피던
화랑 담배 연기 속에 사라진 전우야

〈3절〉
고개를 넘어서 물을 건너 앞으로 앞으로
한강수야 잘 있느냐 우리는 돌아왔다.
들국화도 송이송이 피어나 반기어 주는
노들강변 언덕 위에 잠들은 전우야

〈4절〉
터지는 포탄을 무릎쓰고 앞으로 앞으로
우리들이 가는 곳에 38선 무너진다.
흙이 묻은 철갑모를 손으로 어루만지니
떠오른다 내 얼굴이 꽃같이 별같이.

대한민국의 사명을 향하여

인쇄일 2013년 12월 12일
발행일 2013년 12월 12일

지은이 공영길
펴낸곳 도서출판 조은
주소 서울시 중구 인현동1가 19-2
전화 (02)2275-2302

출판등록 1995년 7월 5일 등록번호 제2-1999호
ISBN 978-89-94329-46-8
정가 12,000원

※ 잘못된 책은 바꾸어 드리겠습니다 ⓒ
※ 이 책은 저자 자비로 출판, 제작된 출판물로 이 책 내용에 관한 모든 권한과 책임은 저자에게 있습니다.